꿋꿋이 나답게 살고 싶다

앞으로 어떻게 살 건가요?

# 꿋꿋이 나답게 살고 싶다

**박성배** 지음

모아북스
MOABOOKS

\* \* \*

인생은 흘러가는 것이 아니라 채우고 또 비우는 과정의 연속이다.
무엇을 채우느냐에 따라 결과는 달라지며
무엇을 비우느냐에 따라 가치는 달라진다.
인생이란 그렇게 채우고 또 비우며
자신에게 가장 소중한 것을 찾아가는 길이다.
그 길 위에서 맞닥뜨리는 수많은 선택과 도전 앞에서
후회 없는 선택을 위한 지혜와
그것을 실행할 수 있는 용기를 잊지 않아야 한다.

에릭 시노웨이 · 메릴 미도우

# 인생은 여행

_나태주

인생은 여행
어떤 사람의 인생이든 여행
어찌 맑은 날만 있었을까요?
때로는 비오는 날 바람 부는 날 있었겠지요

그러나 함께 가는 사람 옆에 있고
함께 이루어야 할 목표가 있었기에
고달픈 가운데서도 그 여행
번번이 무사히 마칠 수 있었겠지요

지금 당신 당신이 꿈꾸는 여행
어디만큼 가 계신지요?
비록 힘들고 고달프더라도 끝까지
용기 내어 끝까지 그 여행 마치시고
좋았노라 참 좋았노라
스스로 만족하는 날 있기를 빕니다.

---

**나태주** : 시 〈대숲 아래서〉로 등단하였고 대표적인 시로는 '풀꽃'이 있다. 2010년부터 현재까지 공주문화원 원장으로 재직하고 있고 공주에서 살면서 공주풀꽃문학관을 건립, 운영하고 있으며 풀꽃문학상과 해외풀꽃문학상을 제정, 시상하고 있는 대한민국의 최고 시인으로 알려져 있다.

# 주연으로 사는 인생 2막을 향해

사람들은 흔히, 살기 힘들지만 열심히 살아야 한다고 한다. 그리고 아무리 열심히 살아도 삶이 바뀌기는커녕 더 어렵고 힘들다고 한다. 나 역시 빚과 이자로 죽을 만큼 힘든 시기가 있었다. 그런데 천만다행인 것은 그 어렵고 힘든 시기에 독서를 시작했다는 것이다. 집 근처 도서관을 비롯해서 서재에 꽂힌 3,000여 권의 책을 필사적으로 읽고 밑줄을 그으면서 읽고 또 읽으며 내공을 쌓기 시작했다. 그야말로 살기 위해서 읽는 생존의 독서였다.

지난 10년간 책을 먹고 살았다고 할 만큼 책 읽기는 내 인생이 바닥에서 다시 일어나는 데 밑바탕이 되어 주었으며 생존의 독서를 통해서 재기한 후, 2010년부터 글짓기를 시작했다. 많은 책을 읽어서인지 자연스럽게 쓸 수 있었다. 책을 읽으면서 좋은 문장을 필사하다 보니 나만의 글쓰기가 시작되었다.

2010년에 시작한 페이스북SNS에 글을 쓰기 시작하면서 페이스북 친구들과 함께 첫 책인 《한 걸음 더》를 출간하면서 지금까지 10권의 책을 출간했다. 출간하면서 인생이 다시 시작되는 기적을 체험해 가고 있다. 마치 정약용이 강진에 유배 간 뒤 18년간 인생의 고민과 과제를 책으로 썼듯이, 나도 내 인생에 닥친 문제들을 책으로 쓰고 출간하면서 인생의 도약을 경험했다.

11번째로 쓰고 있는 이 책은 사랑하는 사람과 함께 행복하게 살아가기 위한 지침서이기도 하다. 분명 이 책이 그러한 행복한 미래를 완성해나가는 데 이끌어 줄 것이다.

그리고 지금, 책을 읽으면서 내공이 쌓였고, 책을 쓰고 출간하면서 이름이 알려져 강의를 할 수 있는 길이 열렸다. 지금까지 10권의 책을 출간하면서 수많은 강의를 했으며 교회, 대학교, 기업체, CBS 방송아카데미, 교보문고 등에서 출간과 함께 강의도 했다. 출간 초창기인 2010년에는 강의가 많지 않았지만, 점점 더 비중 있는 콘텐츠를 출간하면서 강의 요청도 많아졌다. 강의 기술도 점점 더 발전했다. 내가 쓴 책을 주제로 강의한다는 것은 행복 중의 행복이다. 나는 앞으로도 계속 좋은 콘텐츠의 책을 쓰면서 강의해 나갈 생각이다.

나이는 숫자에 불과하며, 마음먹기에 따라 새로운 일을 시작할 수 있는 기회는 무궁무진하다. 이 책에서 제안하는 행복한 인생 후반전을 위한 일곱 계단의 희망 로드맵으로 다시 독자의 가슴 속에 열정과 삶의 의지가 피어나길 바란다. 일곱 가지의 로드맵의 시작은 나 자신을 위로하고 격려하기 위해 뽑아낸 것이 조금 더 나아가 동시대를 살아가는 이 땅의 모든 사람들을 위로하고 응원하기 위한 희망가이기도 하다.

이 책의 구성은 "일, 돈, 사랑, 우정, 취미, 여행, 믿음"을 살펴보는 흐름으로 쓰여졌다.

첫 번째는 미치도록 좋아하는 한 가지 일을 하면서 살아가는 것이다. 사회에서 요구하는 기준에 도달하기 위해 오로지 참고 또 버티는 것만이 바람직한 직장인의 표상이 되어버린 지 오래다. 일은 곧 나의 정체성이다. 대부분의 사람이 깨어 있는 시간의 절반 이상을 일하면서 보내는데, 일이 지겹고 일하는 의미를 찾지 못하면 인생의 절반을 허무하게 버리는 것과 같다. 좋아하는 일을 하면서 사는 것이 인생 최고의 행복임을 이야기하고자 한다.

두 번째는 나를 비추게 하는 돈의 위력이다. 돈 없이도 행복하게 살 수 있지만, 빚과 가난에 허덕이며 사는 것보다 여유 있게 살고 싶은 것이 많은 사람의 소원이다. 돈의 진정한 의미와 부자로 산다는 것의 진정한 의미에 대해 생각해보고자 한다.

세 번째는 사랑과 함께 가는 행복한 여정이다. 인생 여정은 사랑하는 사람과 함께하면 더 행복할 수 있다. 남녀가 함께 어우러져서 인생의 후반전을 진정으로 사랑하고 이해하면서 소소한 행복을 찾아가는 방법을 이야기하려고 한다.

네 번째는 인생에 빛을 더하는 우정이다. 우정을 제대로 만들지 못했다면, 후반전에는 진정한 친구를 만들어 행복한 여정을 함께 나아가야 한다. 100세 시대의 보약과도 같은 진정한 친구의 조건, 진정한 우정을 만들기 위한 우정 테크를 설명하고 지켜나가기 위한 방법들을 제안했다. 글을 쓰면서 친구들의 얼굴을 떠올리며 새삼 우정의 소중함을 깊게 느꼈다. 우정의 의미를 깊이 돌아볼 수 있음에 감사할 따름이다.

다섯 번째는 취미다. 좋은 취미는 인생의 여백을 아름답게 채색해가는 희망 펜이다. "나이를 먹었다는 것은 이미 새로운 일이 시작되었다는 뜻"이라는 괴테의 말처럼 생업에 미뤄두었던 공부나 취미 등 하고 싶었던 일이나 새로운 일을 시작하기에 좋은 때다.

여섯 번째는 여행이다. 인생은 사랑이 있는 단 한 번의 여행이다. 사람은 여행을 통해서 진정으로 많은 배움을 얻고 행복을 느낄 수 있다.

일곱 번째 믿음은 모든 것을 가능하게 하는 힘이다. 어리든 늙었든, 가난하든 부자이든 인간은 태어난 순간부터 누구나 지구별 나그네다. 한 번 왔다가 가는 인생이다. 그러나 믿음이 있는 지구별 여행자는 고난 속에서 행복을 찾으며 고난을 감사한 마음으로 극복하고 이겨낼 힘이 있다.

나는 글을 한 줄씩 써나가면서 위로가 되고 무한한 행복을 느낀다. 그리고 이 책에서 제시하는 일곱 가지 행복 로드맵을 따라가며 행복한 인생 2막을 다시 시작하게 될 독자 여러분을 만날 생각에 벌써 가슴이 설렌다.

"한 권의 책이 세상을 바꾼다"라는 말이 있다. 이 책이 세상을 바꿀 수는 없어도 누군가에게 위로와 희망이 되었으면 좋겠다. 누군가에게 한 권의 책이 되는 인생을 살아가고 싶다. 독자 여러분도 최선을 다해 행복한 인생을 살고 더 넓은 세상을 만나길 바란다. 한 권의 책이 세상을 바꾸지는 못해도 좋은 책은 누군가에게 읽혀 인생을 따뜻하게 밝혀줄 수 있을 것이다.

## 차례

**7**장

믿음은
모든 것을
가능하게
하는 힘

# 1장

# 미치도록 좋아하는
# 한 가지 일을 찾아서

\*

60세부터는 제2의 마라톤을 시작하세요.
공부도 좋고 취미도 좋아요.
90까지는 자신을 가지고 뛰십시오.
80에 끝나더라도 할 수 없지요.
나더러 어떻게 살았느냐고 묻는다면,
고달팠지만 행복했다,
다른 사람에게 행복을 줄 수 있어 행복했다고 말하겠습니다.
남을 위해 살면 행복해집니다.

_김형석 교수의 《백년을 살아보니》 중에서

# 01
# 나이는 숫자에 불과하다

나이 든다는 것은 진정한 당신이 되어간다는 것을 의미할 뿐이다.
_데이비드 보차드

좋아하는 일을 찾으면 나이는 상관이 없다. 처칠은 "모두에게 전성기가 있지만 어떤 이들의 전성기는 다른 이들보다 더 길다"라고 말했다. 《가슴이 뛰는 한 나이는 없다》라는 책은 85세의 현역 번역가인 김욱 작가가 84세에 펴낸 첫 책이다. 작가는 책에서 이렇게 말했다.

"우리는 죽을 때까지 진화한다. 꿈이 있는 인생은 나이와 무관하다. 반대로 꿈을 잃으면 생물학적 나이가 20대라도 죽은 목숨이다. 나는 남들이 운전대를 놓은 65세에 처음으로 운전대를 잡았고 세 번 만에 운전면허 필기시험에 합격했다. 주행시험에서 시동을 꺼트려 떨어졌지만 지금 고속도로를 120킬로미터로 달린다."

김욱 작가는 은퇴 후 집필 활동에 전념하고자 전원생활을 시작했으나 빚 보증을 잘못 서 전 재산을 날리고 남의 집 무덤 관리를 하는 묘

막살이를 했다. 그러나 200여 권의 책을 번역하고 결국에는 84세에 첫 책《가슴이 뛰는 한 나이는 없다》를 출간하면서 화려하게 재기했다. 2019년 현재 아흔 살로 매일 새벽 4시에 일어나 하루 8시간 법정 근로시간을 준수한다. 나머지 시간에는 시내를 돌아다니고, 서점에 가서 신간을 읽고, 도서관에서 각종 신문을 펼쳐놓고 세상이 어떻게 돌아가는지 알아본다. 그러면서 지금 시대에 꼭 필요한 책이 무엇인지 사유하고 탐독하며 오늘도 '노재의 시대'를 열어가고 있다. 그는 《가슴이 뛰는 한 나이는 없다》에서 "우리는 죽을 때까지 진화한다. 노재의 시대가 왔다"라고 담대히 선언한다.

청춘이 푸른 봄날이라면, 노년은 붉은 가을이다. 로버트 인젠솔은 "행복을 즐겨야 할 시간은 지금이고, 행복을 즐겨야 할 장소는 여기다"라고 했다. 아흔 살의 현역 작가인 김욱처럼 우리도 날마다 진화하는 삶을 살아가보자. 나이가 들어 열정이 사라지는 게 아니라 열정이 사라져서 나이가 든다.

은퇴한 화학자이며 엔지니어인 아트 스텐더는 70세에 첼로 연주를 시작했다. 그는 현재 80세로 대부분 60세 이상으로 구성된 아마추어 클래식 음악가 모임 식스티 플러스Sixty Plus의 숙련된 맴버다. 그들은 실내악 연주를 위해 2주에 한 번씩 모인다. 루실 보르겐은 91세 생일에 전국 수상스키대회 여자부 슬라룸Slalom과 트릭trix 경기에서 우승했다. 암과 소아마비를 이겨낸 루실은 그 연령대에서 유일한 참가자였다. 루실은 지역 예선에서 훌륭한 경기를 치러 결승에 진출했다.

손자가 16명인 도리스 하독은 94세에 뉴햄프셔에서 미국 상원의원에 입후보했다. 하독은 선거 자금 개혁을 촉구하고자 국토를 횡단하면서 전국적으로 주목받았다. 진 글래스콕이 말을 타고 미국 본토 48개 주의 주요 도시를 방문하는 3만2,000킬로미터가 넘는 여행을 완수한 나이는 70세였다. 뉴스캐스터 대니얼 쇼어는 지금은 별세했으나 80세가 넘어서도 뉴스를 진행했고, 자신의 경험을 바탕으로 그날 사건을 분석하기도 했다. 80세가 넘은 아놀드 파머가 타이거 우즈처럼 골프를 잘 칠 수는 없다. 하지만 그는 여전히 골프를 치며 현재의 삶을 즐긴다. 그가 골프장에 나타나면 수천 명의 팬들 역시 즐거워한다.

《오이디푸스 왕》은 소포클레스가 90세의 나이에 마지막으로 쓴 비극 작품이다. 전작에서는 주로 신이 정한 운명과 인간의 의지 사이에서의 갈등을 주로 그렸지만 마지막으로 쓴 이 작품에 이르러서는 신과 인간의 화해를 모색하고 있다. 노년이 된 자신의 모습을 발견한 것처럼 죽음이라는 영원한 안식을 준비하는 것으로 보인다.

서양사상사는 칸트 이전과 이후로 나뉜다는 말이 있을 정도다. 서양철학사에 큰 변화를 준 칸트가 쓴 《순수이성비판》은 그의 나이 57세 때 발표한 야심작이었다. 이 작품으로 칸트는 유럽 철학계의 중심인물로 부상하며 인생의 전성기를 맞았다. 미켈란젤로는 로마의 성베드로 대성전의 돔을 70세에 완성했으며, 괴테는 80세가 넘은 나이에 《파우스트》를 완성했다. 다니엘 디포는 59세에 《로빈슨 크루소》를 썼고, 베르디, 하이든, 헨델 등도 고희의 나이를 넘어 불후의 명곡을 작곡했다.

100세 시대의 모델이면서 현역인 김형석 교수는 《백세를 살아보니》에서 "인생의 황금기는 60세부터 75세까지"라고 하셨다. 이 글을 쓰는 2019년에 김형석 교수님은 100세가 되셨다. 그야말로 100세에도 현역으로 글을 쓰고 강의하면서 영원한 현역으로 살아가는 롤모델이다.

이제 100세 시대다. 이미 외국에서는 나이에 구애받지 않고 자기 자신을 계발해서 꿈을 실현해가는 사람들이 많다. 세계 역사상 최대 업적의 35%는 60~70대가 성취했다. 23%는 70~80대, 그리고 6%는 80대가 성취했다. 결국, 역사적 업적의 64%가 60세 이상의 사람들이 성취한 것이다.

나이를 핑계로 새로운 도전을 주저하지는 않는가?

100세 시대로 접어든 우리도 이제부터 은퇴 후의 인생 2막을 준비해야 한다. 65세, 혹은 70세에 은퇴한다고 하더라도 30년 정도는 더 살아간다.

그러면 멋진 인생 2막을 위한 준비는 어떻게 해야 할까? 자신이 잘하는 일을 찾아 그 일을 발전시켜가면서 남은 생애를 살아가는 것이야말로 최고로 잘 사는 인생 2막이 아닐까?

나는 50대 때 고난을 겪고 10년 동안 책 쓰기를 통해서 100세 시대를 살아갈 좋아하는 일을 찾았다. 70세가 공식 은퇴 시기이니까 많은 날이 남지 않은 것처럼 보이지만, 2011년 첫 책을 내면서부터 남은 생애의 후반전은 작가로도 살아가야겠다고 다짐했다. 책을 쓰는 것은 인생 최고의 자기 브랜딩이기 때문이다. 그리고 책을 써서 사회에 내놓는 것은 사회 콘텐츠 제공에 이바지하는 일이므로 일거양득으로 좋은 일이라고 생각한다.

셰익스피어는 지혜로운 인생 2막을 위해 이렇게 조언한다.

첫째, 학생으로 계속 남아 있어라. 배움을 포기하는 순간 우리는 폭삭 늙기 시작한다.

둘째, 과거를 자랑하지 마라. 옛날이야기밖에 가진 것이 없을 때 당신은 처량해진다. 삶을 사는 지혜는 지금 가지고 있는 것을 즐기는 것이다.

셋째, 젊은 사람과 경쟁하지 마라. 대신 그들의 성장을 인정하고 그들에게 용기를 주고 그들과 함께 즐겨라.

넷째, 부탁받지 않은 충고는 굳이 하지 마라. 늙은이의 기우와 잔소리로 오해받는다.

다섯째, 삶을 철학으로 대체하지 마라. 로미오의 말을 기억하라. "철학이 줄리엣을 만들 수 없다면 그런 철학은 꺼져버려라."

여섯째, 아름다움을 발견하고 즐겨라. 약간의 심미적 추구를 게을리하지 마라. 그림과 음악을 사랑하고 책을 즐기고 자연의 아름다움을 만끽하는 것이 좋다.

일곱째, 늙어가는 것을 불평하지 마라. 가엾어보인다. 몇 번 들어주다 당신을 피하기 시작할 것이다.

여덟째, 젊은 사람에게 세상을 다 넘겨주지 마라. 그들에게 다 주는 순간 천덕꾸러기가 될 것이다. 두 딸에게 배신당한 리어왕처럼 춥고 배고픈 노년을 보내며 죽게 될 것이다.

아홉째, 죽음에 대해 자주 말하지 마라. 죽음보다 확실한 것은 없다. 확실히 오는 것을 일부러 맞으러 갈 필요는 없다. 그때까지는 삶을 탐닉하라. 우리는 살기 위해 여기에 왔노라.

내 인생의 2막을 어떻게 보낼까? 한 번 깊이 생각해보고 나만이 잘하는 것을 찾아서 조금씩 실천해보는 것은 어떨까? 내가 가장 좋아하는 일을 위해서 내 시간과 삶을 쓰면서 사는 것이 인생 2막을 여는 최고의 비결이 아닐까 싶다. 우리의 지난 과거는 서막에 불과하다. 모두의 인생은 소중하다. 100세 시대의 삶은 은퇴 후에도 계속되어야 한다. 인생은 후반전이 더 빛나는 인생이 되어야 한다. 내 재능을 발견하고 계발하여 멋진 인생의 2막을 펼쳐보자. 결심하고 시작하는 여러분에게 멋진 인생 2막이 다가오고 있다.

인천상륙작전을 성공적으로 펼친 명장 맥아더 장군의 생애를 보자. 인천상륙작전을 지시했을 때의 나이를 보통 50대쯤이라고 생각한다. 그러나 그의 나이는 70세였다. 1950년 9월 15일 인천상륙작전을 진두지휘했던 맥아더 장군을 모르는 사람은 없지만, 그때 그의 나이가 70세였다는 사실을 아는 사람은 별로 없다.

1950년에 70세였다면 요즘 기준으로는 80세 또는 85세에 해당한다. 100세 시대 모델 중의 모델이라고 꼽을 수 있다. 맥아더 장군은 당시에 이렇게 말했다.

"나는 인천상륙작전과 같은 모험에 익숙하다. 우리는 인천에 상륙할 것이며 적을 분쇄할 것이다. 노병은 절대 죽지 않는다. 다만 사라질 뿐이다. 나이만으로 그 사람이 늙다, 젊다라고 말할 수 없다. 늙고 젊은 것은 그 사람의 신념이 늙었느냐 젊느냐 하는 데 있다. 이상을 저버리기 때문에 늙는다. 사람은 햇수와 더불어 피부에 주름이 가겠지만, 세상일에 흥미를 잃지 않는다면 마음에 주름은 가지 않을 것이다."

맥아더 장군의 인생에 대한 열정을 엿볼 수 있는 말이다. 그는 또 자녀를 위한 유명한 기도문을 남겼다. 경건한 신앙과 용기의 사람이 었던 맥아더 장군의 기도문을 다시금 마음속에 되새겨보는 것도 좋은 일이다.

## 〈맥아더 장군의 자녀를 위한 기도문〉

약할 때 자신을 분별할 수 있는 강한 힘과 무서울 때 자신을 잃지 않는 담대성을 가지고, 정직한 패배를 부끄러워하지 않고 태연하며, 승리에 겸손하고 온유한 힘을 주시옵소서. 생각해야 할 때 고집을 세우지 말게 하시고 나 자신을 아는 것이 지식의 기초임을 알 수 있는 자녀가 되게 하옵소서.

원하옵나니 그를 평탄하고 안이한 길로 인도하지 마옵시고 고난과 도전에 직면하여 항거할 줄 알도록 인도하여 주옵소서. 그리하여 폭풍우 속에서 용감히 싸울 줄 알고, 패자에게 관용할 줄 알도록 이끌어주옵소서.

그 마음이 깨끗하고 그 목표가 높은 자녀를, 남을 정복하려고 하기 전에 먼저 자신을 다스릴 줄 아는 자녀를, 장래를 바라봄과 동시에 지난날을 잊지 않는 자녀가 되게 하여 주옵소서.

이것을 다 주신 다음에, 이에 더하여 유머를 알게 하여 인생을 엄숙하게 살아감과 동시에 생을 즐길 줄 알게 하옵소서.

자기 자신에 지나치게 집착하지 말게 하시고 겸허한 마음을 갖게 하여 주옵소서.

그리하여 참된 위대한 삶은 소박함에 있음을 알게 하시고 참된 지혜는 열린 마음에 있으며 참된 힘은 온유함에 있음을 명심하게 하옵소서.

그리하여 나 아버지는 어느 날 내 인생을 헛되이 살지 않았노라고 고백할 수 있도록 도와주시옵소서.

# 02
# 배우는 사람은 계속 젊다

배움을 그만둔 사람은 20세든 80세든 늙은 것이다. 계속 배우는 사람은 언제나 젊다.

_헨리 포드

《행복의 조건》의 저자 조지 베일런트는 《하버드대 인생성장 보고서》에서 "평생토록 배우라"라고 말한다. 은퇴 이후의 윤택한 노년을 위해서 꼭 필요한 것이 교육이다. 배움을 통해 맛보는 즐거움은 노년의 심리적인 건강에 큰 영향을 끼친다.

퇴역한 작가인 프랭크 라이트는 몇 년 동안 줄리어드 음악대학교에서 음악 강좌를 들어왔으며, 최근에는 음악을 더 깊이 이해하기 위해 현악 4중주 과정도 수강 중이라고 한다. 하버드대학교 인생성장연구소의 보고에 따르면 메리 파사노는 89세 최고령으로 하버드대학교를 졸업했다. 신체 나이는 늙어가지만 배우면서 성장해가는 정신 나이는 절대 늙지 않는다고 했다.

호사카 다카시도 《50부터 시작하는 진짜 공부》에서 "중년 이후에 시작하는 배움의 즐거움"을 말하고 있다. 104세를 일기로 세상을 떠나기 직전까지 강연이나 집필 활동을 꾸준히 펼쳐온 것으로 유명한 가토 시즈에는 100세에 이런 말을 남겼다.

"매일같이 새로운 발견이 있는 법이다. 늦은 것은 하나도 없다. 깨달았을 때 시작하면 된다."

가토 시즈에의 삶과 고백처럼, 매일 배우면서 살아간다면 100세 시대를 가치 있고, 보람되게 살아갈 수 있다.

18세의 열정으로 95세까지 평생을 살아간 '현대 경영학의 아버지' 피터 드러커는 "내 인생의 전성기는 60세부터 95세까지였다"라고 말하며 평생 공부를 놓지 않았다. 꾸준히 책을 써서 세상에 콘텐츠를 제공한 배움의 모델이기도 하다. 실제로 피터 드러커는 매년 새로운 주제를 정해서 연구하면서 새로운 책을 출간했다. 그는 실제로 인생 후반전인 60세 이후에 명작을 쓰기도 했다. 그를 존경하는 이유는 나도 늘 주제가 있는 공부를 하고 책으로 출간하여 사람들에게 삶의 양식을 제공하면서 100세까지 현역으로 살고 싶기 때문이다.

55~60세에 은퇴해서 무엇을 해야 할지 몰라 인생을 무료하게 지내는 사람들은 100세 시대의 모델이 되는 피터 드러커의 일생을 꼭 알았으면 좋겠다. 그는 10대와 30대 시절에 중요한 만남으로 한 가지 결심을 했고, 그 결심이 그의 생애를 위대하게 만들었다. 피터 드러커는 10대 시절 오스트리아 빈에서 베르디의 오페라를 관람한다. 그리고 그 오페라를 만든 베르디와 만나 대화를 하면서 일생의 나아갈 길에

대해 결심한다. 피터 드러커는 활기차고 아름다운 곡을 작곡한 베르디의 나이가 80대였다는 데 놀란다. 더욱 놀란 점은 그가 한 이 말이었다.

"나는 항상 새로운 작품을 쓸 때마다 완벽에의 충동을 가지고 최선을 다합니다."

베르디의 말을 듣고 피터 드러커는 '나도 내 평생에 걸쳐서 완벽을 추구하는 도전하는 일생을 살아가리라' 라고 다짐한다.

그리고 두 번째 인생의 결단은 그의 책 《프로페셔널의 조건》에서 고백한 대로 런던에서 촉망받는 은행원으로 있다가 자신의 가치관에 따른 삶을 살기 위해 은행을 그만두고 경영학을 공부하는 시점이다. 은행원이라는 안정된 소득과 보장된 미래가 있는데도 그것을 포기하고 인간경영 연구에 나선 용기와 결단이 그를 현대 경영학의 아버지라는 명성을 얻게 했다.

피터 드러커는 대학 강사, 신문기자, 은행원 등을 거치면서 얻은 통찰력과 예리한 분석으로 36세이던 1945년에 《새로운 사회》라는 책을 발표하여 자신을 세상에 드러냈다. 그리고 60세가 된 1969년에는 《단절의 시대》를 발표해 세계의 이목을 끌었다.

그 후 2005년 95세에 타계할 때까지 무려 60년 동안 세상의 중심에 서서 사람들을 안내했다. 책과 강의를 통해 아직 산업사회의 때를 벗지 못한 20세기 세상을 '지식사회' 라는 새로운 세상으로 인도했다. 그가 내딛는 한 걸음 한 걸음이 시대의 길이 되었고 그가 남긴 한 땀 한 땀의 글은 시대의 양식이 되었다. 내딛는 모든 보폭과 행보가 고스란히 시대를 여는 길이 되었다.

그야말로 피터 드러커는 50세 이후의 50년을 인생의 황금시간으로 보냈다. 그는 날마다 글을 쓰고, 강의하고, 가고 싶은 곳에 가서 만나고 싶은 사람을 만나고, 하고 싶은 이야기를 하면서 하고 싶은 대로 살았다. 그의 인생 50년 이후의 50년이 그의 황금기였다.

피터 드러커가 외국인으로서 평생 공부의 도전을 주었다면 한국인으로서는 대한민국의 대표적인 정신과 의사이자 뇌 과학자인 이시형 박사가 많은 도전을 주었다. 이시형 박사의 책 《인생내공》에 보면 이런 말이 있다.

"그냥 그렇게 하루하루를 버텨낼 일이 아니다. 내공이 쌓이면 내일이 든든하다."

얼마나 멋진 말인가! 베스트셀러 《배짱으로 삽시다》이후 70여 권 이상의 책을 써내면서 80세가 넘은 나이에도 영원한 청년으로 살아가는 이시형 박사는 나뿐만 아니라 100세 시대를 힘차게 살아가고 싶은 모든 사람에게 멘토가 될 것이다.

"책만큼 우리 내면을 풍요롭게 해주는 것도 달리 없다. 끝없는 상상력을 자극한다. 알 수 없는 세계로 지적 여행을 떠나는 그 설렘은 책을 펼쳐든 자만이 만끽할 수 있는 아름답고 낭만적인 세계다. 이건 무엇으로도 대체할 수 없는 책의 절대 가치다.”

책을 좋아하는 이시형 박사에게 책을 통한 내공의 힘이 '인생 내공'
이 되었다. 그래서 70여 권 이상의 책을 쓰고 강의를 하면서 행복한
인생 여정을 살아가는 힘이 된 것으로 생각한다.

# 03
# 내 일이 없으면 내일은 없다

모든 사람은 천직이 있습니다.
그 일을 발견하는 것이 인생에서 가장 중요한 일입니다.
_나다니엘 호손

나의 천직은 무엇일까? 이대로 이 일을 계속해야 할까? 좀 더 내게 맞는 일이 있지 않을까?

나만의 천직이 어디에 있는지, 현재 나의 일에 만족하지 못하고 내게 더 맞는 일이 있을 것이라는 생각으로 전직을 반복하는 사람들이 많다. 그런 사람들에게 당장 눈앞의 이익에 연연하지 말고 보다 보람된 일이 무엇인지를 찾아 평생의 일을 정해 보라고 조언하곤 한다. 물론 평생의 일인 천직이 정해지는 과정에서의 시행착오는 얼마든지 겪을 수가 있다. 작은 일이라도 보람을 찾을 수 있고, 정열적으로 일하면서 사회에 공헌할 수 있는 일이라면 그것이 천직이 아닐까?

《인생 르네상스 행복한 100세》의 저자 김현곤 박사는 '천직 찾기'의 방법을 다음과 같이 제시했다.

"100세 시대까지 살아갈 우리의 삶에 천직이 필요한 이유는 100세

까지 계속 일을 해야 하고, 그 일을 통해서 경제적인 문제를 해결해야
하고, 그 일을 통해서 삶의 보람을 찾기 위해서다. 내 일이 없으면 내
일이 없다."

요즘 은퇴한 60대 이후 70대의 분들을 많이 만나고 있는데, 그들
의 한결같은 바람은 계속 일을 하면서 경제적인 자유를 얻고 싶다
는 것이다.

그렇다면, 100세 시대까지 살아갈 내가 찾아야 할 천직은 좋아하는
일, 잘할 수 있는 일, 돈 벌 수 있는 일이 충족될 수 있는 영역에서 선
택해야 한다. 천직을 찾기 위한 세 가지 질문을 던져보자.

> 첫째, 내가 가장 원하거나 좋아하는 일은 무엇인가?
> 둘째, 내가 가장 몰입하는 일은 무엇인가?
> 셋째, 내가 가장 보람을 느낄 수 있는 일은 무엇인가?

나의 경우는 책을 좋아해서 글 쓰는 일을 하게 되었고, 그것이 강의
나 방송을 통해서 코칭으로 연결되면서 경제적인 문제가 해결되면서
100세까지 갈 천직이 결정된 경우라고 할 수 있다.

좋아하는 일을 하면서 100세 인생이 익어가는 삶을 살아가는 사
람들이 많다. 사회 전반에서 100세 시대에 대한 관심이 많다. 100세
시대를 잘 이해하고 내 삶이 100세 시대에 맞추어 유익을 받을 수
있도록 준비한다면 인생은 행복 노후를 준비하는 삶의 행복 에너지

충전소가 될 것이다. 이미 100세 시대는 현실화되었으며 지금은 100세 시대다.

　나이에 구애받지 않고 그 꿈을 실현해나가는 사람들이 있다. 98세에 자신의 장례식 비용을 모아 첫 시집을 낸 일본의 시바타 도요라는 시인이 있다. 시바타 도요는 아들의 권유로 틈틈이 써 놓았던 시를 모아 시집을 냈다.

　2010년에 98세였던 도요는 생애 첫 시집 《약해지지 마》를 출간했다. 이 시집은 지금까지 150만 부가 넘게 팔렸다. 도요의 시는 위로가 필요한 사람들에게 특히 큰 사랑을 받고 있다.

　98세에 첫 시집을 낸 시바타 도요처럼 나이에 구애받지 말고 도전하자. 나이는 다만 숫자에 불과하다. 100세 시대를 살아가는 최고의 지혜는 "내 날개로 인생 2막을 더 화려하게 날아오르는 삶을 살아가는 것"이다. 시바타 도요는 시를 쓰면서 아름다운 100세 시대를 살았다.

　이디스 해밀턴은 60세에 은퇴하고 3년간 준비해서 쓴 책 《고대 그리스인의 생각과 힘》을 출간하면서 화려한 인생 2막을 날아오르는 삶을 살았다. 인생 2막을 화려하게 비상할 수 있었던 도구는 책 출간이었다. 그랜마 모제스가 78세에 첫 붓을 들었듯, 시바타 도요가 98세에 첫 시집을 출간했듯, 나에게 주어진 재능을 갈고닦고 발휘하면서 살아가는 것이다. 그렇게 살아갈 수 있다면 은퇴 이후의 삶은 점점 더 빛나는 삶이 될 것이다.

빌린 날개로는 하늘을 날 수 없다. 나무에 앉은 새는 나뭇가지가 부러지는 것을 두려워하지 않는다. 그것은 나뭇가지를 믿어서가 아니라 자신의 날개를 믿기 때문이라는 말처럼 은퇴 이후의 인생 2막을 더 화려하게 비상하려면 내가 해왔던 일 중에서 가장 즐겁게 잘할 수 있는 일 한 가지를 선택해서 갈고닦아 남은 인생을 기적처럼 살아가는 것이다. 더 멋지고 황홀하며, 더 자유롭고 행복하게 내 인생을 향해서 내 날개를 가지고 날아오르자. 그러면 어느새 은퇴 이후에 내 인생은 더 가슴 뛰는 인생의 역에 도착해 있을 것이다.

은퇴 이전부터 차근차근 내가 가장 잘할 수 있는 것을 하나씩 찾아서 그 날개로 날아오른다면, 누구나 은퇴 이후에도 날아오르는 인생을 살아갈 수 있을 것이다.

100세까지 현역으로 살아갈 나의 천직을 발견하는 방법은 사람마다 다르다. 최근에 탁구 국가대표로 명성을 날리던 양영자 선수가 쓴 책을 보았다. 그녀의 책 《주라 그리하면 채우리라》에 보면 그녀의 천직은 나이와 상황에 따라서 변해갔다. 탁구선수로서 활동한 시간, 몽골에 선교하러 가서 보람된 시간을 보낸 14년의 세월, 한국에 돌아와 강의하면서 탁구 꿈나무들을 지도해가는 시간 모두 하나로 연결된 천직이라는 생각이 들었다. 독자 여러분에게도 분명 그러한 "내 일이 내일을 만들어 주는 천직"이 있을 것이다.

# 04
# 몸은 늙어도 마음은 젊게 살아야 한다

　평생 무대를 사랑했던 100세의 코미디언 조지 번스는 "나이 먹는 것은 어쩔 수 없다. 하지만 늙은이가 될 필요는 없다"라고 말했다. 이미 100세 시대를 살다간 조지 번스의 삶을 통해서 100세 시대를 살아간다는 것이 어떤 의미인지를 알아보자.

　자신의 생명이 한 세기 동안 유지된다는 것은 보통 사람이 누릴 수 없는 특별한 경험이다. 그러나 정작 중요한 것은 단순히 생물학적인 나이가 아니라 어떻게 활력 있는 삶을 유지하며 장수하는가에 달려 있다.

　한 연구기관의 조사에 의하면 노년의 기대수명과 건강수명에는 격차가 있다. 기대수명이 80.7세라면, 건강수명은 72.6세 정도다. 대다수 사람은 8년 동안 각종 질병에 시달리다가 생을 마감한다는 의미다. 결국 생명 연장도 중요하지만, 그에 못지않게 건강한 생활을 유지하며 인생을 끝까지 즐길 수 있는 것이 중요하다.

조지 번스는 연기도 훌륭하지만 타고난 엔터테이너였고 정신적인 트레이너이기도 했다. 또한, 베스트셀러 작가였고, 용기 잃고 무력감에 빠진 많은 사람을 일으켜 세운 탁월한 강사였다. 그의 말 한마디와 그가 남긴 어록이 세월이 흘러도 빛이 변하지 않는 것도 이런 이유다. 그가 남긴 어록 중에서 몇 가지를 살펴보자.

"좋은 설교란 재미있는 시작과 멋진 끝맺음으로 이루어진다. 그리고 시작과 끝은 가능하면 가까이 붙어 있을수록 좋다."

"젊음, 늙음은 단지 단어일 뿐이다."

"65세에 은퇴한다는 건 말도 안 된다. 나는 그 나이에도 여전히 여드름이 났다."

그러한 의미에서 영화배우이자 코미디언이었고, 베스트셀러 작가이기도 했던 조지 번스는 건강하고 즐겁게 인생을 산 사람으로 귀감이 될 만하다. 그는 100세 동안 장수했다. 이 긴 시간 동안 그는 늘 어린아이와 같은 천진난만한 감성으로 세상을 살았다. 자신이 몇 살의 노인이라는 것도 잊을 만큼 언제나 젊게 살았다. 그리고 그 긴 시간 동안 자신의 인생을 사랑했고, 끊임없이 새로운 일에 도전했으며, 그 결과 쾌활하고 다이내믹하게 100년을 살았다. 그가 그렇게 건강하고 활기차게 살 수 있었던 비결은 인생에 대해 열정이 있었기 때문이었다. 그는 죽을 때까지 무대를 사랑했고, 열정을 다하며 보람을 느꼈다. 그것이 노년에 이르러서도 활력 있는 삶을 유지한 비결이었다. 평생 무대와 사랑에 빠졌던 남자의 열정은 인생을 살아가는 데 윤활유가 되고 원동력이 된다는 사실을 온몸으로 보여주었다.

그는 언제나 생각을 행동으로 옮기며 살았다. 그의 말 한마디 한마디 속에는 그의 쾌활한 낙관주의가 담겨 있다. 100세를 살았지만, 언제나 그는 청년이었다. 그를 통해 사람들은 좋은 영감은 물론이고 건강한 에너지를 받았다. 그것이 자신의 주변에 늘 사람들이 끊임없이 몰려들게 만든 비결이었다. 100세를 살았지만 단 한 번도 외롭거나 재미없게 살지 않았다. 평생 자신의 삶을 사랑했던 열정 인생 조지 번스의 삶의 발자취가 100세 시대의 훌륭한 모델이다.

# 05
# 나이 드는 것은 깊어지는 것이다

> 나이를 먹는 것만으로는 늙지 않는다. 이상을 잃었을 때 비로소 노화되는 것이다.
>
> _사무엘 올만

본격적으로 고령사회에 진입하여 전체 인구의 상당한 비중을 차지하는 노인. '노인' 하면 떠오르는 이미지는 지저분하고 가난하며 귀찮고 소외된 존재다. 노인을 비하하면서 평생 늙지 않을 것처럼 구는 젊은이들의 생각은 단지 그들만의 잘못이 아니다. 노인에 대한 부정적인 고정관념에서 벗어나는 것이 세대 간의 갈등 해소의 시작이 될 수 있다.

늘어난 기대수명이 노년을 짐으로 전락시키고 노인 역시 가족에게 더 이상 짐이 되고 싶지 않다고 다짐하게 만든다. 짐이 되거나 부담이 되고 싶지 않다는 노인의 결심은 자발적인 선택이기보다는 사회로부터 강요된 결심이라고 봐야 한다.

현대 자본주의 사회에서는 나이 들어가는 모습은 부끄럽고 초라하다며 부정적인 이미지를 세뇌하면서 나이 들어가는 것에 반대하는 '안티에이징'을 외치며 젊음을 철저하게 상품화하기도 한다.

사람은 시간이 지남에 따라 신체 기능이 쇠퇴한다. 그러나 지성과 지혜, 기술과 에너지는 완전히 변화하기도 하고, 다시 새로워지기도 하며, 더 깊어지기도 한다. 생물학적 나이는 숫자에 불과하며 나이가 드는 것은 사람이 더 깊어지는 멋진 과정이다.

50세가 넘어가면 나이 들었다고 생각하고 이제 노인의 길에 접어들었으니 은퇴를 준비해야 한다는 고정관념을 깨고, 노화에 대한 재인식이 필요하다. 사실 60세라는 나이도 인생을 통찰하고 모든 것을 다 아는 나이인 것 같지만, 이제야 세상 이치를 조금 터득하고 어렴풋이 안 나이에 불과하다.

나 자신부터 새로운 도약을 위해 준비할 수 있는 나이이며, 배움을 끝내는 시기가 아니라 배움을 시작할 나이라고 인식을 바꿔야 한다. 노화에 대한 선입견을 바꾸면 다시 젊어질 수 있다. 정신적 나이가 젊어지기 시작하면 다시 일어날 수 있는 에너지가 생기며 일하고 공부할 능력이 되살아나기 때문이다. 여러 연구 결과에서도 나왔듯이 나이를 먹었지만, 젊다고 느끼는 사람일수록 실제로 건강하며 나이가 들수록 증가하는 다양한 성인병 발병률도 낮았다. 사망률 역시 늙었다고 생각하는 사람보다 젊다고 생각하는 사람이 더 낮았다. 나는 젊다고 생각하는 것은 건강과 장수의 비결이기도 하다.

인간은 출생하여 성장하고 젊음에서 늙음, 그리고 죽음으로 이어진다. 이러한 단순한 진행과정 속에 한 가지 빠진 것이 있다면 바로 인간의 깨달음이다. 나이가 들어 삶이 깊어질수록 사람은 삶의 이치를 알아가며 깨달아간다. 영원히 활력이 넘치고 혈기왕성하여 젊기만 하다면 인간은 육체적인 삶에 빠져 깨달음이라는 경지에는 닿을 수 없을 것이다. 연륜과 삶의 경험을 통해 감사함과 겸손함을 배운 사람은 점점 깊어지며 내면이 채워져 성장해간다.

그러한 과정을 노화라고만 단순하게 정의해버린다면 너무 억울하지 않겠는가?

삶의 매 순간에는 절정이 있다. 앞서 말해왔듯 인생의 황금기는 60세부터이며, 위대한 역사의 업적의 64%가 60세 이상의 사람들이 성취했다. 나이가 들면서 신체의 기능이 저하되겠지만, 죽는 순간까지 멈추지 않고 움직이며 건강 관리를 한다면 매 순간 젊고 당당하게 자신의 삶을 꾸려나갈 수 있다. 매 순간 성장하고 변화하기를 두려워하지 말고 멈추어서는 안 된다. 나이라는 숫자에 자신을 가둬 많은 것을 미리 포기하고 있지는 않은지 자문해봐야 한다.

나의 능력과 지혜와 삶의 에너지는 나 개인의 것이 아니라 세상에 소속된 것이라는 사실을 깨달아야 한다. 사람은 태어난 이유가 있으며 존재 가치가 있다. 나이가 들었다고 삶이라는 특권을 손에서 놓아버리지 말고 자신이 가진 것을 나눠야 한다.

## 한창 일할 수 있는 나이, 일할 수 있는 곳은 많다

수명이 길어지면서 은퇴하고 나서도 20~30년 이상까지 살아야 하는 세상이다. 연금으로 생활비를 충분히 감당할 수 있다면 다행이지만, 그렇지 않은 경우가 많다. 나만의 일이 있으면 수입이 생기기도 하지만, 인간관계도 다시 넓어지고, 삶에 활력이 생긴다. 고용노동부의 「고용상 연령차별금지 및 고령자고용촉진에 관한 법률」에서는 인구와 취업자의 구성 등을 고려하여 취업 및 고용에 대한 지원이 필요한 고령자 및 우선고용직종에의 우선고용 등의 지원을 받을 수 있는 준고령자의 개념을 정하고 있다. 준고령자는 50세 이상 55세 미만, 고령자는 55세 이상의 사람을 말한다.

### 〈준고령자 · 고령자 우선 직종〉

| 연번 | 직업명 | 주요 업무 및 예시 직업 |
|---|---|---|
| 1 | 기타사무원 | • 사무 내용이 특정되지 않은 사무업무 수행<br>　(예시) 자료편집사무원, 도서정리원, 대서사무원, 속기사 등 |
| 2 | 기타 의료복지 관련 서비스 종사원 | • 수의사, 치료사 등의 업무를 보조하거나 기타 의료기관에서 의료복지 서비스를 수행<br>- 거동이 불편한 환자를 돕고, 청소 및 장비 등을 세척 · 소독<br>- 소독기구 등을 사용해 의료기구 및 물품을 소독 · 살균<br>　(예시) 노인, 아동, 장애인 복지시설 종사원 등 |
| 3 | 직업상담사 및 취업 알선원 | • 구직자나 이 · 전직 희망자를 대상으로 일자리 소개 및 상담 등의 업무를 수행<br>- 구인 · 구직상담, 창업상담, 경력개발상담, 직업적응상담, 직업전환상담, 은퇴 후 상담 등 각종 직업 관련 상담 업무를 수행 |

| | | |
|---|---|---|
| | | - 구직자나 이직 희망자를 대상으로 적성, 흥미검사 등을 실시하여 구직자의 적성과 흥미에 알맞은 직업정보를 제공하고, 청소년, 여성, 준·고령자, 실업자 등을 위한 직업지도 프로그램을 개발하고 운영<br>(예시) 직업상담사, 취업알선원, 경력상담컨설턴트, 전직지원컨설턴트 등 |
| 4 | 육아시설 도우미(보육 교사 포함) | • 아동 보육시설에서 보육교사의 업무 또는 업무를 지원하거나 아이돌봄 서비스 수행 또는 그 지원<br>- 개인가정 육아도우미가 아닌, 보육시설에서 아동의 보육<br>(예시) 육아도우미, 시설보조 보육교사(가정 외 보육시설 보육 보조) 등 |
| 5 | 큐레이터 및 문화재 보존원 | • 도서관, 박물관 등에서 소장품과 관련된 학술적인 연구를 하거나, 소장품을 체계적으로 정리하고 보존<br>- 큐레이터는 소장품에 대한 학술적인 연구 및 소장품의 전시, 교육 관련 업무<br>- 문화재보존원은 문화재의 손실 원인을 규명하고 이에 적합한 보존 처리, 파손된 부위를 복원하거나 소장품에 대한 예술사적인 단서를 분석<br>(예시) 큐레이터, 도자기 복원기술자, 문화재 보존원, 문화재 수리원, 문화재 수리기술자, 문화재 수리기능자 등 |
| 6 | 내선 전공 | • 주택·공장·빌딩 등에 전기를 공급하기 위하여 옥내 전선관, 배선 또는 등기구류 설비를 건물 내부에 시공하거나 보수 (전기제어장치나 전기기기 설치·정비 포함)<br>(예시) 전기 외선원, 전기작업 보조원, 전선설치 보조원, 옥내 전기원, 전기 내선원, 건물보수 전기원, 건물보선 전기원, 전기고장 수리원, 전기발전기 설치원, 변압기 설치원, 전기제어장치 설치원, 전기기구 정비원, 전기 배선원 등 |
| 7 | 배관세정원 및 방역원 | • 가스관 등의 배관을 소독·청소하거나, 지역 위생관리를 위한 방역업무<br>- 배관세정원은 가스관, 통풍관, 집진관 등의 연결관 내의 그을음, 먼지 및 퇴적물을 각종 화약품 등을 사용하여 소독·청소<br>- 방역원은 구충, 병충해 등의 방역 등 위생관리 |

| | | |
|---|---|---|
| | | (예시) 배관세정원, 건물소독원, 건물 물탱크 청결원, 통풍관 청결원, 건물외벽 청결원, 수족관 청결원, 방역원, 구충 및 병충해 박멸원 등 |
| 8 | 재활용 처리 및 소각로 조작원 | • 재활용 관련 장치 및 쓰레기와 기타 폐기물을 소각하는 소각로를 조작<br>- 중앙통제장치를 통하여 쓰레기와 기타 폐기물 소각로를 조작<br>(예시) 재활용 관련 장치 조작원 등 |
| 9 | 조림·영림 및 벌목원 | • 영림, 산림보존 및 개발에 필요한 업무 수행<br>- 조림·영림원은 수목을 조성하고 보호<br>- 벌목원은 벌목 및 제재 등을 비롯해, 벌목지에서 통나무를 다듬고 운송<br>(예시) 조림원, 영림원, 벌목원, 기타 임업기능원 등 |
| 10 | 간병인 | • 병원, 요양소, 관련기관 등에서 환자를 돌봄<br>- 거동이 불편한 환자를 목욕시키고 옷을 갈아입히며, 병실을 청소<br>- 의사 또는 간호사의 지시에 따라 환자를 돌보고, 치료내용 및 소모 시간을 기록<br>- 음식을 준비하여 환자에게 먹이고 음·식료 공급 및 배설상태를 기록<br>※간병인을 제외한 의료행위를 보조하는 직종의 경우는 '기타 의료복지 관련 서비스 종사원'으로 분류되며 우선고용직종에 해당하지 않음 |
| 11 | 여행 및 관광통역 안내원 | • 여행 안내 및 관광통역 안내 서비스로 각종 여행상의 편의를 제공<br>- 여행안내원은 국내·외를 여행하는 개인 또는 단체에 교통기관, 숙박시설, 관광객 이용시설 및 편의시설의 이용에 대하여 안내하는 등 여행편의를 제공하며, 관광지 및 관광상품을 설명하거나 여행을 안내<br>- 국내를 여행하는 외국인 (개인 또는 단체)에게 외국어를 사용하여 관광지 및 관광 대상물을 설명하거나 여행을 안내<br>(예시) 국내여행 안내원, 관광 안내원, 관광 통역 안내원, 문화재 안내원 등 |

| 12 | 자재관리<br>사무원<br>(창고관리원<br>등) | • 경영에 필요한 각종 자재를 구입하거나, 창고 등의 자재 관리<br>시설의 재고를 유지<br>- 제품생산에 필요한 각종 자재의 내역과 용도를 조사<br>- 필요자재의 재고관리 및 자재가 적재적소에 적정량이 공급되<br>도록 제반사항을 관리<br>(예시) 구매 사무원(구매관리), 외주 관리원, 자재보관 사무원,<br>자재기록 사무원, 자재 사무원(자재관리), 자재 수불원,<br>자재수급 계획원, 자재공급 사무원, 자재 검수원, 창고관리<br>사무원, 창고 관리원, 검량원, 검수원 등 |
|----|----|----|
| 13 | 안내 · 접수<br>사무원 및<br>전화 교환원 | • 고객이나 방문객을 안내하고 각종 정보를 제공, 사내 수신<br>전화를 연결하거나 전화번호 등을 안내<br>- 고객이나 방문객을 안내하고 각종 정보를 제공하며 그들의<br>요청을 접수<br>- 구내 · 외부의 전화통화를 연결하고 고객의 질문에 응답,<br>전화번호를 안내하는 등 공공 및 사설 전화교환기를 조작<br>(예시) 병원 접수원, 시설예약 접수원, 전화접수 사무원, 가스<br>접수 사무원, 분실물 접수원, 방송안내 사무원, 방송 안내원<br>(열차, 비행기, 시설, 미아, 병원 등), 박물관 안내원, 고장접수<br>안내원, 프런트데스크 담당원, 시설소개 안내원, 견학 담당<br>안내원, 공항시설 안내원, 전화 교환원, 전화번호 안내원,<br>가입접수 안내원 등 |
| 14 | 고객 상담<br>및 모니터<br>요원 | • 방문 및 전화상 고객의 각종 민원 업무를 처리<br>- 방문고객 및 상담전화로 걸려오는 각종 민원사항에 응대하고<br>창구의 자료 및 이용안내문 배치 등에 관련된 사무업무를<br>수행<br>- 각종 상품 및 서비스의 신규신청, 전 · 출입, 명의변경, 해지,<br>요금조정 및 증명서 발급에 관한 청구서를 접수<br>- 특정한 분야의 활동이나 결과를 모니터하거나 방송 등을<br>시 · 청취하여 의견이나 소감을 제출<br>(예시) 전화 상담원, 방문고객 상담원, 콜센터 상담원, 모니터<br>요원 등 |
| 15 | 통계관련<br>사무원 | • 통계적 기록을 작성하고, 조사계획에 의거한 설문지로<br>응답자 면접 및 설문조사를 실시 |

| | | |
|---|---|---|
| | | (예시) 통계자료집계 사무원, 통계조사 사무원, 인구 조사원, 설문 조사원, 시장 조사원 , 교통량조사원, 실태조사원, 여론조사원 등 |
| 16 | 전산 자료 입력원 및 사무 보조원 | • 데이터를 전산에 입력하거나, 문서 및 자료를 단순 입력하고 업로드. 기관 및 부서 내의 관련 사무를 보조<br>- 사무직원의 업무를 지원하며 문서정리 및 수발, 자료집계, 자료복사 등 사무기록의 유지와 관련된 일반적인 업무를 수행하거나 기록물, 출판물, 문서, 시청각자료 및 기타 도서관 자료를 단순 기록, 분류, 정리<br>- 각종 자료를 컴퓨터에 입력하고 자료의 오류를 심사, 수정하며 고객의 의뢰에 의해 행정기록을 대신해주는 업무를 수행<br>(예시) 명세표 입력원, 전산 입력원, 단순자료 입력원, 데이터 입력원, 매출자료 입력원, 인사기록 사무원, 자료 입력원, 정보 검색원, 일반사무 보조원, 홈페이지 자료 입력원 등 |
| 17 | 직업훈련 및 문화 · 사회 교육 강사 | • 특정 전문 분야의 교과이론 및 실기를 교육<br>- 직원들을 대상으로 직무능력 습득을 위한 교육 및 훈련<br>- 지역주민들을 대상으로 문화 및 사회 관련 교육을 위한 강연 정보 검색원, 일반사무 보조원, 홈페이지 자료 입력원 등<br>- 기술 및 기능 등 업무 수행에 필요한 작업 기술 등을 교육 훈련<br>(예시) 기술 및 기능계강사, 예능강사, 교육연수기관강사, 기업체 직무훈련강사, 교육훈련강사 등 |
| 18 | 사회복지사 | • 사회복지학 전문지식을 이용해 복지문제 진단 평가 및 지원<br>- 현대사회에서 발생하고 있는 청소년, 노인, 여성, 가족, 장애인 등 다양한 사회적, 개인적 문제를 겪는 사람들에게 사회복지학 및 사회과학의 전문 지식을 이용하여 문제를 진단 · 평가함으로써 문제해결을 돕고 지원<br>(예시) 사회복지사(교정 담당, 학교, 의료, 산업, 기업, 아동복지 시설, 사회복지관 등), 사회복지 전문요원, 정신보건 사회복지사, 사회복지 상담원, 사회복지자원봉사 관리자 등 |
| 19 | 상담 전문가 및 청소년 지도사 | • 사람들의 정서적 행동적 증상을 상담하고 문제해결을 지원<br>- 상담전문가로서 사람들의 심리, 성격, 가족문제 등 정서적 행동적 증상에 대해 상담기법이나 상담프로그램, 검사 도구를 |

| | | |
|---|---|---|
| 20 | 기타 사회복지 관련 종사원 | 이용하여 문제 해결을 돕고 지원하는 업무를 수행<br>- 청소년 지도사로서 정신적, 신체적 과도기의 청소년을 지도<br>(예시) 상담심리 전문가, 상담 심리사, 상담가, 상담 교사,<br>청소년 상담원, 청소년 지도사 등<br>• 기타 사회복지시설에서 성인, 아동 등을 대상으로 생활지도<br>및 사회복지 서비스 제공<br>- 교정시설, 의료, 산업체, 기업, 아동복지시설, 사회복지관<br>등의 사회복지시설에서 생활지도 및 교육을 지도<br>(예시) 생활지도원 및 보조원 등 |
| 21 | 사서 및 기록물관리사 | • 도서관에서 도서를 분류, 정리, 보관하거나 기록보관소의<br>자료 수집 및 보관 등의 업무를 수행<br>- 사서는 도서관에서 이용자의 편의를 위해 서적, 정기간행물,<br>시청각자료 등을 수집하고 일정한 기준에 따라 분류, 정리,<br>보관하는 업무를 수행<br>- 기록물관리사는 기록보관소나 자료실 등의 중요한 문서,<br>기록물 및 제작물 등에 관한 자료를 수집, 보관하는 업무 수행<br>(예시) 사서, 기록물 보관원, 기록물관리사, 아키비스트,<br>문서 보관원 등 |
| 22 | 버스 및 관용차운전원 | • 기관 등의 버스, 업무차량, 임원차량 등을 운전<br>(예시) 업무차량 운전원, 임원차량 운전원, 기관버스 운전원 등 |
| 23 | 상점판매원 및 상품대여원 | • 상점에서 상품 판매을 판매하거나 상품의 대여 업무를 수행<br>(예시) 매점판매원, 특산물판매원, 제품대여원 등 |
| 24 | 매장계산원 및 요금정산원 | • 제품 및 서비스 판매장소에서 금액을 계산하고 수령<br>(예시) 계산원, 카운터, 캐셔, 요금정산원 등 |
| 25 | 매표원 및 복권 판매원 | • 입장표 및 복권을 발행하고 금액을 계산<br>- 극장, 공원 및 유원지 등의 매표소에서 고객에게 입장표를<br>발행하고 금액 계산<br>- 버스 및 지하철 승차권, 복권, 마권을 판매하는 직무도 포함<br>(예시) 복권 판매원, 기차표 판매원, 마권 발매원, 버스 매표원,<br>지하철 매표원 등 |
| 26 | 청소원 | • 건물, 다중이용시설 등에서 청소 및 청결 유지<br>(예시) 사무실 청소원, 공공건물 청소원, 오피스텔 청소원, |

| | | 기관차 청소원, 선박 청소원, 비행기 청소원, 버스 청소원, 병원 청소원 등 |
|---|---|---|
| 27 | 경비원 | • 건물을 관리하며 불법침입과 도난 방지를 위해 가옥 및 기타 재산 등을 감시·경비<br>(예시) 청사경비원, 학교경비원, 건물경비원, 병원경비원, 빌딩경비원, 빌딩시설경비원, 빌딩보안원, 공장경비원, 공사현장경비원, 공원순찰원, 공원안전요원, 공원관리인, 공원질서요원 등 |
| 28 | 환경 미화원 및 재활용품 수거원 | • 건물, 야적장, 거리 및 기타 공공장소에서 쓰레기를 수거하거나 청결하게 유지하며 재활용품을 수거<br>(예시) 쓰레기 수거원, 쓰레기 청소부, 거리 미화원, 거리 미화원, 공원 청소원, 공원 청소원, 재활용품 수거원<br>(※ 주로 지방자치단체에 소속되거나 지시를 받아, 시가지의 청소나 쓰레기의 수거 등을 담당. 쓰레기 수거의 일환으로 이루어지는 재활용품의 수거도 해당. 건물이나 운송장비 내부 청소 업무 수행자는 '청소원'으로 분류) |
| 29 | 계기검침원 및 가스점검원 | • 계량기의 상태를 확인하고 기록<br>(예시) 계기검침원(가스, 수도, 전기 등), 가스안전 점검원, 전기안전 점검원 등 |
| 30 | 주차 관리원 및 안내원 | • 공공 주차시설의 운용, 관리, 안내 업무를 수행<br>(예시) 주차관리원, 주차장 관리원 주차장 안내원 등 |
| 31 | 검표원 | • 공원, 공연장, 운동 경기장, 유원지, 전시장 등에서 입장객의 표를 확인하고 입장시키는 업무를 수행<br>(예시) 고속버스 검표원, 통행료 검표원, 승차권 검표원, 놀이공원 검표원 등 |
| 32 | 조리사 및 주방보조원 | • 음식 조리 및 조리사 감독·교육, 각종 조리보조<br>- 조리사는 조리사 자격증을 소지하고 조리 업무를 전담<br>- 주방보조원은 조리장이나 조리사의 지시에 따라 조리 보조 업무를 수행<br>(예시) 조리사, 주방장, 조리사 조보원, 주방 보조원, 식재료 세척원, 학교급식 보조원 등 |
| 33 | 건축수리 및 보수원 | • 기타 건축마감관련 기능 종사원으로, 건물을 보수하는 작업을 수행 |

| | (건물영선원) | (예시) 건물 보수원, 조립 건축물 보수원, 건물 수리원 등 |
|---|---|---|
| 34 | 냉ㆍ난방 관련 설비 조작원 | • 보일러를 조작하거나 건물 냉방 관련 기기를 조작<br>- 주기관 및 보조기관에 증기를 공급하는 보일러를 조작하거나 건물 냉방 관련 기기를 조작<br>- 보일러 등 냉ㆍ난방 관련 설비를 조작 시 점검 및 정비도 병행하는 경우에는 본 직종으로 분류하지만, 설치나 정비를 전문으로 하는 경우는 설치 및 정비원으로 우선고용직종에 해당하지 않음<br>(예시) 보일러 조작원, 증기발생 보일러 조작원, 선박보일러 조작원, 증기기관차 보일러 조작원, 냉각장치 조작원, 냉동기 조작원, 냉장시스템 조작원, 난방장치 조작원, 환기장치 조작원 등 |
| 35 | 전기 및 전자 설비조작원 | • 건물, 공장 및 기타 전기ㆍ전자 설비를 조작, 유지, 보수<br>- 전기 설비를 유지, 보수하고, 전기 시설에 관한 보안관리 업무를 수행<br>- 전기 장비 제조와 관련된 각종 기기를 조작<br>(예시) 건물전기설비 조작원, 건물전기시설 관리원, 전기기계 관리원, 전기 기계설비 조작원, 전기시설관리 조작원, 공장전기 설비 조작원, 공장전기기계 설비조작원, 공장변전실 관리원, 전기시설 조작원, 전자설비 조작원, 건물전기 관리원, 전기설비 관리원, 병원전기 관리원 등 |
| 36 | 보건위생 및 환경 검사원 | • 위생 및 환경 관련 불만 조사, 음식점 등의 위생 및 공해관리, 위험물처리 등 검사<br>- 위생 및 환경과 관련된 불만을 조사하고 음식점, 식품가공업체, 호텔, 지역 상수시스템 및 기타 작업장의 위생, 공해관리, 위험물처리에 대하여 정부규정에 맞는지 검사<br>- 환경시설물을 평가하고 식수나 용수를 정기적으로 채취, 검사하며 대기오염원의 정기적 측정, 쓰레기 및 폐기물의 효율적 처리를 관리(예시) 보건위생 검사원, 환경 관리원, 환경 검사원, 식품위생 감시원 등(※방역업체, 음식점 등에서 위생상태의 적정성 등을 검사하여 관련 법규에 어긋나지 않도록 지도하는 자는 '위생사'로 분류된다.) |

| | | |
|---|---|---|
| 37 | 상·하수도 처리장치 조작원 | • 물 정화장치, 공기 및 가스압축기, 펌프장치, 환기장치와 같은 여러 가지 형태의 장비를 조작<br>(예시) 물펌프장 조작원, 용수 여과장치 조작원, 냉각용수기 조작원, 용수 정화장치 조작원, 댐수문 운전원, 염소투입기 조작원, 하수처리장치 조작원, 용수처리기 조작원, 펌프장 조작원(석유 및 천연가스 제외), 저수지 운전원 등 |
| 38 | 제조관련 단순종사원 | • 건설을 제외한 기계, 재료, 화학, 섬유, 전기, 전자, 식품제품 생산 업무에 단순 반복작업을 담당하거나 보조업무를 수행. 또한 제품을 분류하고 구성품을 간단히 수동으로 조립<br>- 원재료 및 제품 운송, 적재, 하역, 분류, 확인 및 무게 측정<br>- 컨베이어, 분쇄기, 톱 및 가공 기계 등에 원료를 공급<br>- 제품을 분류하고 구성품을 간단히 조립<br>- 작업장 및 설비를 청소<br>- 숙달된 근로자들을 보조<br>(예시) 상표부착원, 부품 및 제품 단순분류원, 수작업라벨 부착원, 수동 포장원, 권선공, 단순 조립원, 수공 코일 권선원 등 |
| 39 | 조경원 | • 가로나 공원, 건물 주변 정원을 관리<br>- 장비나 나무를 운반하고 나무를 식재할 구멍을 파는 등의 업무 수행<br>(예시) 조경사, 조경원<br>(※조경할 대지의 주변 환경을 고려하여 조경을 계획·설계 하는 직종은 '조경 기술자'에 해당하며 우선고용직종에 해당하지 않음) |
| 40 | 농림어업관련 종사원 | • 여러 가지 농사일을 수행하거나, 임업 및 어업 관련 단순 업무를 수행<br>(예시) 산림감시원, 산림보호원, 산림병충해감시원, 육림보조원, 숲가꾸기원, 임업인부, 화훼 / 육묘 / 버섯 / 담배 관련 종사원 등 |

# 2장

# 나를 비추게 하는
# 돈의 위력

*

돈은 현악기와 같다.
그것을 적절하게 사용할 줄 모르는 사람은 불협화음을 듣는다.
돈은 사랑과 같다.
잘 베풀지 않는 이들은 천천히 그리고 고통스럽게 죽어간다.
반면에 타인에게 잘 베푸는 이들에게는 생명을 준다.

_칼릴지브란

# 01
# 한 우물을 파야 돈이 보인다

음악가는 음악을 만들어야 하고, 화가는 그림을 그려야 하고, 시인은 시를 써야 한다.

_에이브러햄 매슬로

한 가지 일에 전문가가 되면 돈도 따라온다. 에이브러햄 매슬로의 말처럼 음악가는 음악을 만들어야 하고, 화가는 그림을 그려야 하고, 시인은 시를 써야 한다. 각자 신이 준 달란트가 있는데, 자신의 재능으로 자기 일에 최고 전문가가 되면 돈은 저절로 따라온다. 돈을 따라가기보다는 먼저 최선을 다해서 그 분야의 전문가가 되어야 한다.

노래 부르는 가수가 노래를 부르다가 음식점을 내면 노래 부르는 일도 잘 안 되고 음식점도 잘 안 된다. 가수는 자신의 목소리로 최선을 다해서 노래를 불러야 한다. 가수의 본업은 노래를 부르는 데 있기 때문이다.

"콜럼버스가 미국을 발견했고 제퍼슨이 미국을 건국했으며 레이크록은 미국을 맥도날드화했다"는 말이 있을 정도로 그는 한 기업의 CEO를 넘어 전 세계인의 음식문화를 바꿨다. 레이크록은 수십 년 동안 경험을 쌓으며 노하우를 익히다가 53세에 맥도날드 형제를 만나 맥도날드를 공식적으로 창업하면서 부자가 되었다. 돈을 따라다닌 것이 아니라 자기 일에 최고 전문가가 되고자 수십 년간 경험을 쌓았던 일이 결국에는 맥도날드라는 세계 최고의 브랜드를 탄생시켰다. 그는 이렇게 고백한다.

"사람들은 내가 53세가 돼서야 맥도날드를 창업해 하루아침에 성공했다는 데 대해 놀라움을 표한다. 하지만 나는 보이지 않는 곳에서 묵묵히 재능을 갈고닦다가 좋은 기회가 왔을 때 꽉 잡았을 뿐이다. 내가 하루아침에 성공한 것도 사실이다. 그러나 그 아침을 맞이하기까지 나는 30년이라는 길고도 긴 밤을 보냈다."

맥도날드의 역사는 이렇게 시작되었다. 한 분야의 전문가가 되기 위해 얼마나 수많은 노력과 최선을 다했는지를 알 수 있는 고백이 아닐까 싶다. 신은 누구에게나 공평하게 한 가지씩 잘하는 재능을 주셨다. 그 일에 최선을 다해서 전문가가 되면 돈은 저절로 따라오게 되어 있다.

아이폰을 개발해서 세계에 IT 혁명을 불러왔던 스티브 잡스의 비결도 한 가지에 집중하는 힘에 있었다. 그는 자신이 세운 애플에서 해고되고 나서 더욱더 집중해서 컴퓨터 분야 한 가지에 집중했다. 그 결과로 당연히 부자가 되는 결과가 따라왔다. 그는 역경의 시기에도 오히려 한 가지 일에 집중했던 그때를 다음과 같이 고백한다.

"당시에는 그렇게 생각하지 않았지만, 애플사에서 해고당한 일이 결과적으로 내게는 인생에서 최고로 잘된 일이다. 성공해야 한다는 중압감에서 벗어나, 확실한 것은 하나도 없는 초심자의 가벼운 마음으로 돌아갈 수 있었다. 그때 얻은 자유로움 덕분에 내 인생에서 가장 창조적인 시기로 진입할 수 있었다."

미켈란젤로도 "내가 이 그림을 그리려고 얼마나 노력했는지 안다면 절대 나를 천재라고 부르지 않을 것이다" 라고 말했다. 그는 자기 일을 위해서 전심전력으로 노력했다.

10년 법칙, 1만 시간의 원리처럼 나도 이렇게 10년 동안 글을 쓰다 보니 책을 출간했고, 앉으면 글이 써진다. 이 새벽에도 나는 글 쓰는 한 가지 일에 희열을 느끼면서 몰두하고 있다. 곧 이 책이 출간되어 독자들을 만나고 강의하고 방송하게 될 일을 생각하니 벌써 가슴이 설레어온다.

## 02
# 부자가 되는 10가지 습관

누구나 가난하고 팍팍하게 살기보다는 부자로 여유 있게 살기를 꿈꾸고 소망한다. 그런데 부유하게 사는 사람보다는 힘들게 살아가는 사람이 더 많다. 이미 부자가 되어 살아가는 사람들을 유심히 관찰하고 연구해보니, 그들만의 부자 습관이 있음을 알 수 있었다. 부자가 되는 작은 습관이 하나씩 쌓여서 결국에는 모든 사람들이 부러워하는 부자가 되었다.

2019년 연합뉴스에서 신년 특집으로 방영한 〈세계 1% 리더의 비밀〉에서 빌 게이츠, 오프라 윈프리, 워런 버핏 등 세계 최고의 부자들은 하루아침에 된 것이 아니고 부자 습관이 쌓이고 쌓여서 만들어진 것임을 알 수 있었다.

그렇다면 사람들이 부러워하는 진짜 부자로 만들어주는 습관은 무엇일까? 부자가 되는 10가지 습관을 공개하며 지금부터라도 하나씩 습관을 들여 부자의 길로 한 걸음 다가가보라.

## 1. 일찍 일어나는 습관을 들인다

만석꾼 집안을 일군 나의 조부께서는 "해가 뜨기 전에 일어나는 사람이 부자가 된다"라고 말씀하셨다. 동서고금을 막론하고 부자로 살아가는 사람들을 보면 거의 다 아침 일찍 일어나 시간을 효율적으로 활용한 사람들이다. 늦게까지 잠자리에서 일어나지 못하고 게으른 사람은 부자가 될 수 없다.

## 2. 모든 부자의 공통된 습관은 독서다

마음의 양식이 부유한 데서 부자가 시작된다. 책에는 폭넓은 지식과 경험이 축적되어 있다. 늘 손이 닿는 곳에 책을 두고 하루 10분이라도 꾸준히 좋은 책을 읽어 내면을 풍요롭게 채워갈수록 사람들을 만날 때 여유가 생긴다.

그렇게 여유 있는 내면을 지니면서 다른 사람을 만나면 일이 잘될 수밖에 없다. 내가 지난 10년간 1만여 권 이상의 책을 읽으면서 발견한 부자들의 공통적인 습관은 독서에 있었다. 큰 사람, 큰 부자들은 거의 모두 책이 만들어줬다.

### 3. 자투리 시간을 알차게 활용한다

누구나 공평하게 갖는 시간은 24시간이다. 그런데 어떤 이는 48시간처럼, 어떤 이는 12시간도 제대로 못 쓰곤 한다. 자투리 시간을 활용하지 못하고 통시간만 사용하려고 하면 점점 스케줄이 빡빡해질수록 시간 부자의 길에서 멀어지고 만다. 자투리 시간을 알차게 활용하여 이러한 시간이 모이면 통시간이 된다는 것을 알아야 하고, 생활 속에서 자연스럽게 몸에 익어야 한다.

학창 시절 쉬는 시간 10분을 생각해보라. 그 짧은 시간 동안 우리는 얼마나 많은 것을 해왔던가. 5분 남짓의 자투리 시간에도 할 일은 많다. 간단한 스트레칭을 하거나 짧은 글 읽기, 생각을 정리하거나 할 일 목록을 짜보거나 소중한 사람에게 안부 전하기, 산책 등 알차게 활용할 수 있다. 요행을 바라면서 투기하거나 시간 때우기용 게임 등을 하지 않는다. 그러기에는 시간이 아깝다. 투기나 도박은 아주 쉽게 돈을 벌어줄 것 같지만, 장기적으로 보면 부작용이 크다. 자투리 시간이라도 소중히 여기며 건실한 취미 생활을 하는 사람이 시간 부자, 큰 부자가 된다.

### 4. 메모하는 습관을 들인다

메모하는 사람은 기억하는 사람이다. 메모하는 사람은 인생을 성실하게 살아가는 사람이다. 메모하는 사람은 인생을 계획적으로 살아가는 사람이다.

나는 새벽에 일어나면 오늘 해야 할 일을 메모하면서 시작한다. 시간을 낭비하지 않기 위해서다. 전철로 이동할 때는 스마트폰의 메모 앱에 떠오르는 생각들을 메모한다. 그렇게 메모한 내용을 정리하다 보면 글을 쓰는 데 도움이 된다.

### 5. 글쓰기 습관이 부자로 만든다

성공한 사람들은 대부분 자신의 저서를 낸 적이 있다. 글쓰기 습관은 단순히 책 한 권을 출간하는 것을 넘어서 그 분야의 전문가가 되게 하여, 부자로 살아가게끔 한다. 꾸준히 글 쓰는 습관을 기르는 일은 부자로 살아가는 좋은 습관 중 하나다.

### 6. 분명한 꿈과 목표를 설정한다

부자가 된 사람들을 연구해보면, 그들에게는 남다른 꿈과 목표가 있었다. 자동차왕 헨리 포드는 어머니를 행복하게 해드리고자 하는 꿈으로 자동차를 개발하여 세계적인 부자가 되었다. 세계 최고의 부자인 빌 게이츠는 모든 사람들의 책상 위에 컴퓨터를 올려놓겠다는 분명한 꿈이 있었다.

## 7. 매일 운동한다

　부자들은 바쁜 시간을 쪼개서라도 건강 관리에 힘쓴다. 건강은 억만금으로도 환산되지 않음을 알고 있기 때문이다. 건전한 신체에 건강한 마음이 깃들고, 건강한 마음으로 일을 하면 일이 잘된다. 건강 관리는 시작이 힘들어 작심삼일 만에 끝나고 만다. 계속하게 만드는 습관을 들이려면, 목표를 구체적으로 만들고 작게 쪼개야 한다.
　추상적인 목표는 실행하기 어렵다. 구체적으로 눈에 보이는 목표를 만들어 하나씩 체크하면서 이뤄나가는 것도 좋은 방법이다. '체중을 줄인다' 가 아니라 식사 때마다 세 수저씩 밥을 덜기, 저녁을 먹고 나서 양치질을 하고 야식하지 않기, 오후 1시에 알람을 맞추고 윗몸 일으키기 50회 하기 등 작은 실천 항목을 만들어 체크하면서 습관으로 들여야 한다.

## 8. 작은 지출을 우습게 여기지 않는다

　부자들은 작은 지출도 소홀히 여기지 않는다. 돈이 좀 있다고 해서 펑펑 쓰는 것은 졸부들이나 하는 행동 습관이다. 티끌 모아 태산이라는 말처럼 작은 지출이 모여 큰 손실을 준다. 부자는 재산을 모아가는 동안 사치와 필수 지출을 식별할 줄 알고 검소함이 몸에 배어 있다. '부자가 더 한다' 는 말도 있지 않은가.
　내 어린 시절에 우리 할아버지는 집 앞 인삼밭에서 돌멩이를 골라

내는 일을 시키시고는 대가로 10원씩 주셨다. 나는 어린 시절 할아버지를 통해서 힘든 노동의 대가로 얻은, 작지만 10원의 소중함을 배웠다.

## 9. 사람을 소중히 여긴다

사람이 재산이다. 부자가 된 사람들을 유심히 살펴보고 연구를 해보면 인맥 관리를 잘하는 것을 알 수 있다. 사람이 나를 부자가 되게 만들어준다. 진심을 담아 감사함을 표현하고, 사람들과의 유대를 중요시해 오래 지속하는 관계를 형성하고자 노력해야 한다. 축하할 일이 있으면 바로 축하해주고, 평소 SNS나 카톡 등을 통해 안부를 묻고 가치 있게 소통하며 사람을 얻고 유지하는 습관을 길러야 한다. 결국, 사람이 답이고, 그 인맥이 나를 부자로 이끌어준다.

## 10. 긍정적인 마인드를 지닌다

부자들을 살펴보면 부정적인 사람들이 거의 없다. 마인드 컨트롤이 뛰어나 하나의 감정에 치우치거나 사소하거나 부정적인 감정에 연연해하지 않는다. 부자는 사람과 사물을 바라보는 관점이 긍정적이다. 그리고 건실한 신앙과 믿음을 가진 사람들이 많다.

# 03
# 부자에게 배우는 부유한 삶의 원리란

진정 부유해지고 싶다면 소유하고 있는 돈이 돈을 벌어다줄 수 있도록 하라.

_록펠러

《인생을 바꾸는 부자습관》을 크게 공감하며 읽었다. 저자인 토마스 콜리는 미국에서 상위 1%에 해당하는 부자들의 습관을 오랫동안 연구한 결과를 책으로 출간했다.

투자의 달인 워런 버핏, 토크쇼의 여왕 오프라 윈프리, 컴퓨터의 황제인 빌 게이츠 등 세계 최고의 영향력을 끼치는 리더들은 어떤 습관이 있어서 부자가 되었는가를 이야기하는 내용이다. 책을 좋아하는 나는 독서가 부자가 되는 데 얼마나 영향을 미칠지 궁금하여 책을 보게 되었다. 대답은 당연히 "그렇다"이다.

토마스 콜리가 말하는 '인생을 바꾸는 부자 습관 10가지'는 다음과 같다.

1. 책 읽기 등 좋은 습관 만들어 지키기

2. 매일, 매월, 매년의 계획 세우기

3. 자기계발을 위해 노력하기

4. 건강을 돌보기 위해 일정 시간 투자하기

5. 평생을 함께할 관계 맺는 데 노력하기

6. 절제하며 살기

7. 3개의 우선순위를 정하면서 일일의 과제 성취하기

8. 항상 부자가 되는 생각하기

9. 총 소득의 10% 저축하기

10. 남을 험담하지 않는 등 생각과 감정을 통제하기

빌 게이츠가 세계 최고의 부자가 된 비결은 일시적인 행운에 있지 않다. 빌 게이츠의 독서 습관은 아버지에게서 물려받았다. 어린 시절부터 독서가 생활화된 가정에서 자랐고 가족과 함께 자주 도서관에 다녔다. 10살이 되기 전 백과사전 전체를 독파하고 도서관 대회에서 전체 1등을 차지하기도 했다. 세계 최고의 IT 거장이 된 이후에도 자신의 성공 비결은 어린 시절 독서 습관이라고 말하며 평일에도 매일 1시간, 주말에도 서너 시간, 여행 중에도 책을 들고 가서 꾸준히 독서한다. 지속적인 독서의 힘이 원동력이 되어 그를 부자로 가능하게 만들었다.

세계 부자 1위인 빌 게이츠는 부모에게서 독서 습관뿐 아니라 남에게 베풀고 나누는 정신까지 물려받았다. 수백억 달러에 달하는 자신의 재산 중 자녀에게는 1,000만 달러만을 물려주고 나머지 재산은 모두 기부할 것이라고 밝히기도 했다. 재산을 기부하고 나누는 데도 앞장섬으로써 빌 게이츠야말로 진정한 부자임을 알 수 있다.

워런 버핏은 빌 게이츠와 함께 백만장자 중의 한 명으로 신뢰와 존경도 함께 받는 인물이다. 그는 2000년부터 매년 자신과의 점심 식사 기회를 경매에 부쳤다. 수익금은 빈민구제단체에 기부하고 말이다. 그럼 워런 버핏과 함께하는 점심 식사 한 끼 비용은 얼마일까? 보통 35억 원에서 40억 원에 낙찰된다고 한다. 많은 사람이 그렇게 비싼 돈을 들여서 참여하는 이유가 무엇일까? 그만큼 투자한 이상의 효과를 올릴 수 있기 때문이 아닐까?

10살부터 공공도서관에서 제목에 '재무학' 이 들어간 책은 모두 통독했다는 그의 일화는 유명하다. 11살 때 뉴욕증권거래소에서 처음으로 주식을 사서 10대 후반엔 어른보다 훨씬 높은 수익을 거두기도 했다. 돈을 갖고 자유롭게 노는 워런 버핏도 꾸준한 독서광이다. 그는 엄청난 양의 독서를 통해서 내공을 쌓고 정확한 지식을 바탕으로 투자했기에 안정적인 투자의 달인이 되었다.

미국에서 가장 성공한 여성 중의 한 명이자 토크쇼의 여왕으로 전 세계에 걸쳐 많은 영향력을 행사하고 있는 오프라 윈프리도 부자가 될 만한 독서 습관을 가지고 있다. 빈민가에서 미혼모 어머니에게서 태어난 오프라 윈프리의 어린 시절은 불행으로 얼룩져 있었다. 그런 그녀의 삶을 바꾸고 희망을 준 것이 바로 독서였다.

특히 내게 오프라 윈프리는 늘 특별한 의미로 다가왔다. 인생의 가장 밑바닥에서 오프라 윈프리는 책을 통해 내공을 쌓았고, 그 힘을 바탕으로 한 걸음씩 자신의 길을 개척해 나갔던 점이 힘든 시기를 보내고 있던 내게도 큰 도전이 되었다. 책으로 일어나 부자가 된 오프라 윈프리는 유명한〈오프라 윈프리 쇼〉에서 책을 소개하는 것으로도 유명하다. 그녀는 이렇게 좋은 독서를 혼자만 하는 게 아니라, 다른 사람들과 함께해서 그들의 삶에도 희망을 찾아주고 싶다고 생각했다. 그렇게 탄생한 것이 미국에서 가장 영향력 있는 독서 운동인 '오프라 윈프리 북클럽' 이다.

부자들에게는 우리가 꼭 배워야 할 부유한 삶의 원리가 있다. 그들에게는 그렇게 부자가 된 분명한 부자 습관이 있다. 나의 조부 박윤래 님은 밑바닥에서 자수성가하여 만석꾼의 집안을 일구어내셨다. 조부는 어린 시절부터 내게 "머릿속에 넣어둔 지식은 아무도 가져가지 못한다"고 말씀하셨다. 나는 조부의 그 말씀대로 힘들고 어려운 시기에 마냥 주저앉아 있지만은 않았다. 10여 년간 도서관의 수많은 책을 읽어서 내 것으로 만들면서 마음부터 부자로 다시 태어났고, 실제로 그 사실을 책으로 쓰고 강의하고 방송하고 코칭하면서 부자들의 삶을 실천하며 살아가고 있다.

# 04
# 북테크 고수 비법 7단계

투자로만 부자가 된 세계 부자 랭킹 2위인 워런 버핏의 습관은 이렇다.
아침에 직장에 나가서 자리에 앉자마자 독서한다.
8시간 전화 통화한 뒤 집에 가서 잠들 때까지 독서한다.
그는 지독한 독서광으로 그의 독서량은 일반인의 5배가 넘는다.
_워런 버핏

요즘 50대에도 퇴직하는 사람들이 많다. 50대에 은퇴해도 평균 수명이 길어져서 100세까지 살아가려면 살아온 만큼 더 살아가야 한다. 그러려면 무엇보다 필요한 것이 노후에 돈 걱정 없이 사는 기반을 마련하는 것이다. 100세 시대에 가장 큰 어려움은 무엇이냐고 묻는다면 돈 걱정 없이 건강하게 사는 것을 꼽는다. 100세까지 오래 사는 것을 누구나 꿈꾸지만 돈 없이 100세까지 사는 것은 행복이 아닐 수도 있기 때문이다.

전문가들의 연구에 따르면 돈 걱정 없이 노후를 살 수 있는 사람은 17~18% 정도밖에 되지 않는다. 퇴직한 사람이 소득 창출과 관련한 일을 하지 않아도 연금이나 임대, 이자 소득 등으로 먹고사는 데 큰 걱정 없이 사는 상태를 말한다.

대도시를 기준으로 최소 월 소득 200~300만 원 이상의 확정 소득이 있는 경우다. 그러나 현실은 80%가 넘은 사람들이 은퇴 후 인생 후반전을 돈이 없어 걱정하면서 살아간다.

사람마다 여러 가지 방법이 있겠지만, 노후에 돈 걱정 없이 사는 기반을 만드는 '북테크 고수 비법 7단계'를 제시해 보겠다.

첫 번째, 독서를 통해 지식의 기반을 쌓는다.
두 번째, 독서를 통해서 내가 잘하는 일을 찾는다.
세 번째, 찾아낸 내가 잘하는 일을 개발한다.
네 번째, 개발된 나만의 콘텐츠로 작게 시작해본다.
다섯 번째, 내 콘텐츠로 시작된 일을 점점 더 확대한다.
여섯 번째, 내 콘텐츠로 일을 확대해가면서 사람들과 공유하면서 점점 더 힘을 쌓아간다.
일곱 번째, 내 콘텐츠로 만들어진 사람들과 점점 더 사회에 선한 영향력을 만들어가는 100세 현역으로 행복하게 살아간다.

내 경험을 통해 쉽게 설명하자면, 나는 48세에 영종도 공항신도시에 10억 원을 들여서 건물을 지었다. 노후 대책 겸 남은 인생을 아무 걱정 없이 살아가고자 건물을 지었다. 그런데 건물을 지으면서 예기치 않은 일이 발생하여 빚이 늘면서 이자를 갚느라 7년을 고통 속에서 견디다가 2013년에 결국 파산했다. 힘든 시간을 보내면서 내가 선택한 일은 인근에 새로 개관한 도서관에 가서 책을 보는 일이었다. 위의 7가지 단계 중에서 첫 번째에 해당한다.
노후 대책을 위해서 책을 본 것은 아니었다. 그때는 너무나 막막해서 할 수 있는 것이 독서밖에 없었다. 운 좋게도 그때 개관한 영종도서관이 바로 옆에 있었다. 그렇게 도서관에 가서 책을 보면서 서서히 책 속의 내용이 마음에 쌓여가기 시작했다. 다산 정약용의 초서 독서법처럼, 책 속의 좋은 문장들을 필사하기 시작했다. 그렇게 10년 동안 필사한 노트가 30여 권이다.

책을 읽다 보니 내가 잘하는 일이 계발되기 시작했는데, 그것은 글쓰기다. 처음에는 답답한 마음에 아무 글이나 써보기 시작했다. 글을 쓰면서 많은 위로를 받았고 머릿속이 정리되기 시작했다. 그렇게 10여 년간 도서관에 앉아서 글을 썼는데, 500기가 USB 2개가 꽉 찰 만큼 많은 습작이 모였고, 공저로부터 시작해서 책으로 출간하기 시작했다. 위의 네 번째 단계에 해당하는 작은 시작이었다.

이렇게 작은 시작으로 책을 출간해보면서 나의 일이 점차 확장되었다. 몇 권의 책을 기획하여 출간해보기도 하고, 단행본을 써서 출간하면서 그 영향으로 방송에 나가고, 7번째 책인 《한국이 온다》가 출간되고부터는 외부 강의와 책 짓기 코칭의 길이 열리게 되었다. 그래서 위의 여섯 번째 단계인 '사람들과 공유하면서 힘을 쌓아가는 단계' 에 이르게 되었다. 비전북하우스 이종덕 대표와는 책을 함께 만들어가면서 공유를 시작하여 내 10번째 책인 《인생건축술》을 출간했고, 코칭한 책들을 출간하기 시작했다.

마지막 일곱 번째 단계인 '내 콘텐츠로 만들어진 사람들과 점점 더 사회에 선한 영향력을 만들어가는 100세 시대의 현역으로 살아가는 삶을 만들어가고 있다. 2009년부터 10여 년간 고통 속에서 책에 미쳐서 살았다. 처음에는 이렇게 책 짓기 전문 코치가 될 줄 몰랐지만, 지나고 보니 이렇게 되었다.

사람마다 제각기 돈 걱정 없이 살아가는 노후 대책이 있을 것이다. 그러나 나는 위에 고백한 7가지 과정을 통해서 이렇게 행복한 삶을 살 준비가 되었다. 독자 여러분의 행복한 100세 시대를 설계하는 데 조그만 디딤돌이 되었으면 좋겠다.

05

# 지식을 돈으로 바꾸는 기술

산업 사회에서 위대한 것을 성취한 사람은
자기 아이디어가 가진 '돈을 만들어 내는 힘'을 믿는 사람이다.

_찰스 필모어

나의 조부께서 "머릿속에 넣어둔 지식은 아무도 가져갈 수 없다"고 하신 말씀 덕분에 나는 머릿속에 1만여 권 이상의 책으로 지식을 쌓고, 그 지식을 통해 축적된 콘텐츠로 〈책 짓기 건축술 8단계 원리〉를 만들어서 코칭하면서 지식을 돈으로 바꾸는 일을 해나가고 있다. 지금 생각해보면 조부께서는 인간에게 지식이 갖는 힘이 얼마나 강력한지를 알고 계셨기에 소중한 손자에게 어린 시절부터 가르쳐주셨다. 조부님의 사랑어린 가르침 덕분에 나는 지난 10년간 포기할 수밖에 없는 환경 속에서도 다양한 지식을 쌓고 재기하여 지금은 지식을 콘텐츠로 만들어서 책 짓기 코칭을 하고 있다.

일본의 작가 이노우에 히로유키도 《배움을 돈으로 바꾸는 기술》에서 '부를 끌어당기는 부자들의 공부법'에 대해 말하고 있다. 그는 인생이 달라지길 원한다면, 부를 창출할 공부를 하고, 배웠으면 돈을 벌고, 익혔으면 성과를 내라고 말한다.

배운 지식을 돈으로 바꾸는 비결의 4단계를 살펴보면 다음과 같다.

1. 날마다 꾸준히 관심 분야의 지식을 쌓아가라.
2. 그 지식을 정리하여 나만의 콘텐츠화하라. 그렇게 정리된 나만의
   콘텐츠는 강의나 방송할 수 있는 상품이 될 것이다.
3. 내 이름으로 된 저서를 가져라.
4. 나만의 브랜드 상품을 개발하라.

나는 책 짓기가 가져다주는 행복을 경험하면서 살아가고 있다. 《인생건축술》 출간 후, 책 짓기가 가져다주는 행복을 더욱더 느끼고 있다. 《인생건축술》이 출간되고 강의, 방송, 책 짓기 코칭 등이 더욱더 확대되었다. 책의 독자들은 한결같이 책이 참 좋다는 반응을 보여주셨다. 그러기에 감사한 마음으로, 설레는 마음으로 이 책을 쓰고 있다. 책으로 가득 찬 서재에서 책을 쓰는 매 순간이 소중하고 행복하다.

모든 행복한 인생은 자신의 스토리와 전문성을 녹여서 쓴 한 권의 책으로 시작된다. 다산 정약용은 강진 유배 18년 동안 《목민심서》 등 520여 권의 책을 쓰면서 고통의 시간을 행복한 미래로 바꾸었다. 러시아의 문호 도스토옙스키는 시베리아 유형의 세월을 겪으면서도 책 짓기를 통해서 고통의 시간을 행복의 시간으로 만들었다. 도스토옙

스키가 고통의 세월을 녹여서 쓴 《죄와 벌》은 인간의 죄업 본성과 인간의 본질을 예리하고 깊게 묘사한 불후의 명작으로 지금도 많은 사람에게 읽히고 있다.

아나운서 손미나는 《스페인 너는 자유다》를 썼고, 정신과 의사 이시형은 《배짱으로 삽시다》를 쓰고 행복을 얻었다. 소설가 조앤 롤링이 《해리 포터》 시리즈를 쓰고 인생역전과 행복을 얻은 것은 우리가 너무나 잘 아는 사실이다.

그렇다면, 책 짓기가 가져다주는 행복은 무엇일까?

1. 내 인생의 자존감이 높아진다.
2. 내 인생이 건축되는 최고의 방법이다.
3. 강사의 길이 열린다.
4. 방송의 길이 열린다.
5. 나를 대하는 주변 사람들의 시선이 달라진다.
6. 인생 2막을 살아갈 튼실한 은퇴 자본이 된다.
7. 주변 사람들로부터 전문가로 인정받는다.
8. 경제적 자유를 보장받는다.
9. 눈부신 인생 후반전을 열어준다.
10. 책 짓기 코칭의 길이 열린다.

위의 10가지 외에도 책 짓기가 가져다주는 행복은 얼마든지 더 있다. 나 역시 이 책을 쓰면서 책 짓기의 행복을 만끽하고 있다. 독서가 취미가 되고 책을 짓기 시작하면서, 나는 괴로운 사람에서 행복한 사람으로 전환되기 시작했다. 《인생건축술》이 출간된 이후부터는 〈꿋꿋이 나답게 살고 싶다〉는 주제를 가지고 이 책을 구상하기 시작했다. 특히, 인생 후반전의 행복에 관한 책 100여 권 정도를 읽으면서 준비했다. 그리고 사랑하는 사람과 함께 내 인생의 후반전이 행복하려면 무엇이 필요할까를 깊이 생각해보았다.

  그렇게 정한 것이 '일, 돈, 사랑, 우정, 취미, 여행, 믿음' 이라는 7가지 키워드다. 무엇보다 100세 시대를 살아갈 나 자신을 위해서, 그리고 나와 함께 행복한 100세를 살아갈 사랑하는 사람을 생각하면서 이 책을 쓰는 시간이 얼마나 행복한지 모른다. 나는 감히 책 짓기 취미는 인생 후반전의 행복을 만들어가는 최고의 방법의 하나라고 말하고 싶다. 이 글을 읽는 독자도 책 짓기 행복을 통해 인생 후반전의 행복을 만들어가기를 바란다. 행복한 인생의 후반전은 한 권의 책으로 시작된다. 나만의 책 짓기를 통해서 배운 지식을 돈으로 전환하는 기술을 실천해가고 있다.

  나는 〈책 짓기 건축술 8단계 공정〉을 계발하여 강의했고, 책으로 출간했다. 그 결과 코칭하는 일은 더욱 확장되었고, 나만의 브랜드는 확고해졌다. 《인생건축술》은 책을 짓고자 하는 많은 사람에게 나침반 역할을 해주고 있고, 나에게는 경제적인 자유를 안겨 주었다. 책을 쓰면 인생의 새로운 영역이 생긴다. 자신감도 생기고, 인생의 변화가 일어난다. 책을 쓰는 것은 인생을 브랜딩하는 최고의 방법이다.

송진구 교수는《부자의 5가지 비밀》에서 부자들이 마침내 성공할
수 있었던 것은 좋은 친구들로 연결되는 인적 재산 네트워크를 가지
고 있기 때문이라고 말한다. 나는 지금 나만의 브랜드로 코칭하면서
인적 네트워크를 만들어가고 있다. 내게 책 짓기 코칭을 받고 책을 출
간하는 사람들을 네트워크 해서 '독서와 글쓰기 클럽'을 만들려고 한
다. 그렇게 만들어진 모임이 서로 간에 시너지 효과를 내어 더욱더 효
율적으로 100세 시대를 함께 만들어갈 수 있기 때문이다.

매월 코칭받고 출간하는 작가의 책으로 함께 모여서 독서 토론을
하고, 글쓰기 강좌로 글쓰기 능력을 계발시켜서 더 좋은 글을 쓰게 하
고, 서로의 발전에 도움이 되는 네트워크를 만들어가는 것이다. 그렇
게 되면 서로 유익을 받아서 100세 시대를 향해 가는 인생 마라톤 경
기가 더 즐겁고 행복해질 것이다.

# 노마드처럼 자유롭게 살며 돈도 벌기

현대인은 4차 산업혁명 시대라는 대변혁의 급류에 휘말려 살아가고 있다. 오늘의 정보가 내일의 정보가 되는 세상이다. 미래학자 앨빈 토플러는 "21세기의 문맹자는 읽고 쓸 줄 모르는 사람이 아니라, 배운 것을 잊고 새로운 것을 배울 수 없는 사람"이라고 말했다. 변화에 민감하지 않으면 미래에는 살아남을 수 없음을 경고하고 있다. 배움이란, 일생 알고 있었던 것을 어느 날 갑자기, 완전히 새로운 방식으로 이해하는 것이라고 한다.

지식백과에 따르면, 21세기는 새로운 유목민遊牧民, Nomad의 시대라고 한다. 현대인은 휴대전화, 노트북, PDA 등과 같은 첨단 디지털 장비를 휴대한 채 자유롭게 유랑한다. 특히 스마트폰 사용 이후 시공간의 제약 없이 인터넷에 접속하여 필요한 정보를 찾고 쌍방향으로 소통하는 것은 이제 일상생활로 정착되었다.

캐나다 미디어학자 마셜 매클루언은 30여 년 전 사람들은 빠르게 움직이면서 전자 제품을 이용하는 유목민이 될 것이라고 예언했다. '노마드'는 유목민이란 라틴어로 프랑스 철학자 질 들뢰즈가 그의 저서 《차이와 반복》에서 노마디즘이라는 용어를 사용한 데서 유래했다. 시간과 장소에 구애받지 않고 자유롭게 이동하며 일을 하는 신 유목민이다. 디지털 도구와 통신망이 있다면 어디에서든 언제든 자유자재로 활용하여 이전과 다른 방법으로 돈을 벌 수 있다.

나 역시 세계 곳곳에서 살면서 국제 감각과 세계 여러 나라 사람들과 어울려 사는 지구촌 노마드의 삶을 배웠다. 그리고 책을 통해 세계 최고의 부자들은 하루아침에 된 것이 아니라 부자가 되는 습관이 쌓여서 만들어진 것임을 알 수 있었다.

우리는 앞으로 디지털 노마드가 되어 부유한 삶을 살아가야 한다. 자유롭게 일하고 세계를 여행하면서 살아가는 디지털 노마드의 삶을 꿈꿔보라. 100세까지 행복하고 여유 있게 살아갔으면 좋겠다. 필자의 꿈 역시 디지털 노마드로 이 땅의 구석구석과 세계 여러 곳을 지구촌 노마드로 여행하면서 살아가는 행복을 꿈꾼다.

〈노마드가 되는 방법〉에는 무엇이 있을까? 자신에게 적용해보고 맞는 방법을 찾아가면 된다.

하나, 매번 다른 환경에 적응하고 살아남으려면 가장 정확하고 다양한 정보가 있는 책을 많이 읽어야 한다. 책에는 쉽게 만날 수 없는 폭넓은 지식과 삶의 지혜가 담겨 있다. 그것을 서점이나 도서관에서 쉽게 구입해서 편하게 읽으면 된다.

둘, 책을 쓰고 강연한다. 요즘은 누구나 책을 쓰는 게 가능한 세상이다. SNS가 활발해지면서 자기 생각을 알리고 그 글을 모아 책으로 낼 수 있다. 글을 쓰고 SNS로 소통하면서 자신의 생각을 표현하는 능력은 현대 사회에서 필수적이다. 노마드에게는 자신의 브랜드가 있어야 하는데, 자신의 책만 한 것이 없다. 책으로 이름을 알리면 강연의 기회가 오는데, 강연을 거창하게 생각할 필요는 없다. 강연 시장에는 거액의 스타 강사만 있는 것이 아니다. 세상은 넓고 강연할 곳은 많다.

셋, 자신만의 기술이 있어야 한다. 평생직장이 사라지고 은퇴가 없는 일자리를 찾아야 한다. 홀로 자립할 수 있어야 하며, 다른 사람보다 훨씬 잘할 수 있는 것을 찾아야 한다. 그리고 그 기술은 돈을 벌 수 있는 종류의 것이어야 한다. 무엇보다 좋아하는 일을 해야 한다. 그래야 인생 2막에도 오래할 수 있고 잘할 수 있다. 자신만의 기술은 생존을 가능하게 한다. 무슨 일을 하든, 어떤 분야를 정하든 누구보다 잘해서 자신만의 필살기로 만들어야 한다.

넷, 외국어 실력을 갖춘다. 특히 영어와 중국어를 잘하면 세계 어디에서도 살 수 있다. 외국어를 잘하면 선택의 기회가 많아진다.

은퇴 전에 짧고 굵게 생존을 위해 돈을 벌어왔다면, 은퇴 후에는 가늘고 길게 질리지 않게 돈을 벌어야 한다. 앞으로 돈을 벌 수 없다는 두려움, 100세까지 생활비를 충당할 수 없을 것 같고, 자식에게 하나라도 더 해주지 못할 것 같은 불안함이 있는 분들에게 데일 카네기의 〈고민 해결법 3단계〉를 소개한다.

1. 일어날 수 있는 최악의 일이 무엇인가를 생각해본다.
2. 도저히 피할 수 없다면 겸허히 그 일을 받아들일 각오를 한다.
3. 마음을 차분히 한 후에 최악의 일을 개선해나갈 해결책을 찾기 시작한다.

# 3장

# 사랑과 함께 가는
# 행복한 여정

\*

새는 날아다녀야 하고
토끼는 뛰어다녀야 하고
잉어는 헤엄쳐 다녀야 하듯
사람은 서로 기대어 손잡고 함께 다녀야 한다.

사람만큼 쓸쓸한 짐승이 어디 있으랴.
여기저기 돌아다니는 거리의 사람들 넘쳐나지만,
집으로 돌아가는 뒷모습 왠지 어깨가 무거워 보이고 쓸쓸하더라.

뒷모습이 쓸쓸하지 않도록
말이 통하는 사람 하나 가까이 두고
나 또한 그 사람에게 소중한 사람이 되어 주리라.

_《좋은 글 모음》 중에서

# 01
# 배우자의 가치란

> 사람은 누구나 혼자서는 행복한 생활을 유지하지 못한다.
> 아무리 불안에 처해 있을지라도 마음의 평온과 안정을
> 찾을 수 있어서 결혼을 하는 것이다.
>
> _괴테

보통 소중한 것을 가지고 있을 때는 별로 귀하게 느끼지 못하고 살아간다. 남편과 아내가 평범하고 행복하게 살 때는 잘 모르지만, 둘 중 먼저 세상을 떠나거나 여러 가지 환경 속에서 이별하면, 그때서야 소중한 가치를 깨닫는 경우가 많다.

우리 속담에 "과부 사정은 과부가 알고 홀아비 사정은 홀아비가 안다" 는 말이 있다. 혼자 살아본 사람은 혼자 사는 사람의 고충을 깊이 이해한다는 말이다. 혼자 살아보면서 조금이라도 어려움을 겪어본 사람이라면 아마도 이 말의 의미를 깊이 이해할 것이다.

SNS에 회자되는 말 중에 이런 말이 있다. 여자가 늙어서 필요한 것 5가지는 돈, 딸, 건강, 친구, 찜질방이고, 남자가 늙어서 필요한 것 5가지는 부인, 아내, 집사람, 마누라, 애들 엄마라는 말이다. 그만큼 남자에게 아내 한 사람의 가치는 소중하다. 남편에게 있어서 아내의 가

치는 모든 것일 수가 있다.

그런데도 아쉬운 것은 아내와 함께 사는 남편들 대부분이 그 아내의 가치를 잘 모르고 있다는 데 있다. 권혜진 시인의 《괜찮은 사람 하나 있었으면 좋겠네》를 보면 인간은 얼마나 서로를 필요로 하는 존재인가를 알 수 있다.

유대인의 지혜를 모아 놓은 《탈무드》에는 "남자의 집은 여자다" 라는 말이 있다. 또한 "남자가 여자에게 끌리는 것은, 남자로부터 늑골을 빼앗아 여자를 만들었으므로 남자는 자기가 잃은 것을 되찾으려고 하기 때문" 이다. 세계에서 가장 지혜로운 민족인 유대인의 지혜를 모아 놓은 탈무드에 그렇게 쓰여 있으니, 그 깊은 의미를 한 번 같이 생각해보는 것도 좋겠다. 남자들이 보통 자신의 아내를 호칭할 때, 집사람이라고 부르는 경우가 있다. 그 뜻은 아마도 남자에게 있어서 아내의 존재는 집과 같은 존재이기 때문이다.

'남자의 집은 아내' 라는 말은 남자 존재의 근거와 터전이 바로 아내라는 말일 것이다. 그래서 남자들은 밖에 나갔다가 아내가 있는 집으로 돌아온다. 아내는 남자의 집이기 때문이다. 아무리 다 갖추고 있는 남자라고 해도 아내가 없다면, 그 남자는 존재의 터전이 없는 뿌리 없이 흔들리는 존재라고 해야 할 것이다. 남자에게는 삶의 뿌리를 내리고 둥지를 만들어주는 여자가 필요하다. 여자는 남자에게 둥지다. 남자에게는 나뭇가지인 둥지를 틀고 인생을 살아갈 여성이 필요하다. 물론 여성에게도 함께 둥지를 만들면서 인생을 만들어갈 남성이 필요하다. 그래서 여자가 없는 남자는 둥지 없는 나그네이고, 남자가 없는 여자는 울타리 없는 집에 사는 것과 같다. 그러니 남편은 아내를 소중히 여기면서 나의 존재의 기반이 되는 인생의 동반자를 귀중히 여기면서 살아가는 것이 최고의 삶의 지혜다.

# 02
# 그와 그녀를 변화시키는 말은 어떻게

> 행복한 결혼은 약혼한 순간부터 죽는 날까지
> 지루하지 않은 기나긴 대화를 나누는 것 같다.
>
> _앙드레 모루아

말에 욕심을 담으면 말이 무거워지고,

말에 과시를 담으면 말이 버거워지고,

말에 성급함을 담으면 말이 가벼워진다.

말에 솔직함을 담으면 말이 재밌고,

말에 설렘을 담으면 말이 사랑스러워진다.

_ '말' 어록 중에서

그 남자와 그 여자가 함께 부부로 만나서 살아가는 데 말은 가장 중요한 요소 중의 하나다.

다음은 공감이 가는 〈부부 대화 10계명〉이다.

1. 맞장구를 쳐주자.
2. 분위기에 맞는 말을 하자.

3. 자존심 상하는 말을 쓰지 말자.

4. 정감 있게 말하자.

5. 상대방에게 말할 기회를 주어라.

6. 같은 소리를 두 번 이상 반복하지 말자.

7. 칭찬의 말을 세 번 이상씩 하자.

8. 좋은 말만 골라서 사용하자.

9. 유머의 소재를 스스로 계발하자.

10. 알아주는 말을 해 보자.

이서영 교수의 《끌리는 말에는 스토리가 있다》를 보면, 여자의 마음을 사로잡으려면, 다음과 같은 말로 공감을 만들어가라고 한다. 이러한 말을 할 때는 진심을 담아 칭찬해야 한다.

"당신은 내 이상형입니다."

"당신은 은근히 매력이 있어요."

"나이보다 젊어 보이시네요."

"웃을 때 눈이 참 예쁘네요."

한편 남자를 설득하고 싶다면 다음과 같은 말을 사용하며 남자의 자존심을 세워주라고 한다.

"능력이 정말 대단하시네요."

"이 부분의 전문가를 만나게 되어 기쁘네요."

"당신이 이 회사에 오고 난 뒤 우리 회사가 달라졌어요."

현명한 여자는 사랑하는 남자의 이야기를 잘 들어주고 맞장구를 쳐준다. 그리고 남자는 자존심을 세워주는 말에 어깨가 으쓱해질 것이다. 그와 그녀를 움직이고 변화시키는 것은 역시 진심이 담긴 좋은 말이다.

# 03
# 5가지 사랑의 언어와 마주하기

사랑은 선택이다.
그리고 둘 중 한 사람이 오늘 당장 시작할 수 있다.

_게리 채프먼

직장생활을 하면서 가족에게 무신경했던 것을 깨달은 남편은 은퇴 후 가족에게 보답하며 살기로 한다. 그러나 아내는 긴 시간 동안 남편 없이 주변 관계를 만들어왔기에 갑자기 자신의 생활에 끼어든 남편이 불편하다. 삼성생명 은퇴연구소는 〈부부 은퇴 생활, 기대와 현실〉 보고서에서 은퇴 전후 부부의 은퇴 생활에 대한 전망과 현실 인식을 분석했다. 남편이 은퇴한 후 아내에게 예상되는 어려움 1위는 남편의 세 끼 챙기기, 2위는 남편의 잔소리였다.

은퇴 후 100세 인생을 행복하게 살려면 남편의 인식 전환이 필요하다. 생활비를 벌어다 주는 가장에서 벗어나 아내의 멋진 친구, 자녀의 멋진 아버지로 새로운 역할을 찾아야 한다. 필요한 일은 직접 하는 것이 원칙이다. 삼시 세 끼를 요구하는 '삼식이'에서 벗어나야 한다.

요즘에는 배우 차승원이나 백종원처럼 요리 잘하는 남자가 인기다.

그 정도 수준은 되지 못하더라도 스스로 밥은 차려 먹을 수 있어야 한다. 가장으로서의 권위를 내려놓고 다정한 남편으로의 역할을 찾아야 한다.

결혼생활과 인간관계에 관한 세계적인 전문가인 게리 채프먼 박사는 《5가지 사랑의 언어》에서 말한다. 인정하는 말, 함께하는 시간, 선물, 봉사, 스킨십을 통한 5가지 사랑의 언어로 부부의 행복을 만들어가야 한다. 부부의 행복은 서로의 노력에 따라서 더 풍성해질 것이다.

### 1. 인정하는 말

말에는 힘이 있다. 부부간에 일상적으로 편하게 대화할 수 있지만, 이제는 말 한마디에 정성을 들여보자. 인생의 후반전에는 부부가 최고다. "여보 당신밖에 없어, 당신이 최고야, 역시 당신 잘하네" 등의 말로 서로를 인정하는 말을 하자. 남편과 아내는 다른 누구의 말보다도 서로가 인정해주는 말로 인해 인생을 살아갈 힘과 용기를 얻는다.

### 2. 함께하는 시간

부부가 함께하는 시간은 플러스의 시간이다. 인생의 전반전은 너무 바빠서 서로를 깊이 챙겨주지 못했을 수도 있다. 그러나 점점 나이가 들어 인생의 후반전으로 갈수록 다른 사람들과의 만남도 중요하지만 부부가 함께하는 시간을 더 많이 가져보자. 함께하는 시간은 집안에서도 가질 수 있고, 때로는 여행이나 외식, 취미생활을 통해서 부부만의 함께하는 시간을 가질 수 있다. 다만 여가를 함께할 때는 부부 한쪽만이 즐기는 것이 아니라 서로 배려하면서 보내야 한다.

### 3. 선물

선물은 사람의 마음을 너그럽게 한다. 비싸지 않은 선물이라도 정성과 마음이 담긴 선물은 그 선물을 받는 사람에게 큰 기쁨과 위로를 줄 수 있다. 상대에게 필요한 물건이 무엇인지 고민하고 물건을 고르고 선물하면서 사랑을 표현하고, 상대는 자신이 사랑받고 있음을 느낄 수 있다.

### 4. 봉사

말보다 행동으로 보여줄 수 있다. 배우자에게 봉사하는 것이다. 챙겨주고, 살펴주고, 섬겨주는 것에서 사랑을 느끼고 사랑을 표현할 수 있다. 남을 위한 봉사를 함께하는 것도 좋다. 인생은 혼자의 삶만이 아니라 타인을 위한 삶을 살 때 더 부유해진다.

빌 게이츠 부부는 아프리카를 위한 재단을 세워 함께 봉사하고 있다. 부부가 같이 봉사하는 모습이 참 보기 좋다. 그렇게 부부가 함께 봉사할 때 부부관계가 좋아지는 보너스를 선물로 받기도 한다.

## 5. 스킨십

부부는 신체적인 접촉을 통해서 사랑의 대화를 나눈다. 젊은 시절에는 깊이 없는 육체적 접촉을 나누었다면, 나이가 점점 들면서부터는 슬로섹스를 통해서 부부의 깊은 육체적인 사랑을 나누어보라. 때로는 부부가 서로 신뢰하는 마음으로 손을 맞잡고 걷는 것만으로도 신체적인 접촉을 통한 깊은 대화를 나누게 된다.

# 04
# 봄날은 다시 온다

제대로 봄, 꼼꼼히 봄, 오늘도 봄, 내일도 봄, 보고 또 봄!
그랬더니 봄봄봄봄, 봄이 왔어요! 당신의 봄!

_광고 문구 중에서

어느 제품 광고의 문구다. 봄은 여러 의미로 쓰인다. 본다는 뜻과 단순히 계절이 겨울에서 봄으로 바뀌는 것만을 의미하지 않고 '봄날이 온다' 라는 표현으로 "다시 사랑하게 되었다"와 같은 의미가 있다. 상대를 따뜻한 마음으로 바라보고, 깊은 관심으로 이해하며, 진심으로 배려하는 것이 부부가 앞으로 나아가야 할 봄날이다.

긴 고난의 세월을 혼자 보낸 사람이 좋은 상대를 만나 새 출발을 하게 되었다면, 봄이 왔다고 표현해도 좋을 것 같다. 그만큼 봄은 희망과 사랑을 상징하는 말이다.

인생을 살아가다 보면 여러 가지 이유와 사정으로 혼자 살게 되거나 다시 사랑을 찾아야 할 경우가 생긴다. 덴마크를 폐허에서 복지국가로 세워가는 데 한 알의 밀알이 되었던 그룬트비 목사는 세 번 결혼했다. 미국의 존경받는 대통령이었던 로널드 레이건 대통령은 첫 번째 부인과 아픈 이별을 한 후에 두 번째 부인인 낸시를 만나서 누구보다 행복하게 살았다. 레이건은 "내가 낸시를 만난 것은 하나님이 나에게 준 최고의 선물이었다" 라고 고백하기도 했다.

그렇다면, 여러 가지 이유로 혼자가 된 사람들은 남성이든, 여성이든 주저하지 말고 함께 인생을 아름답게 만들어갈 사랑하는 사람을 적극적으로 찾아야 한다. 사랑의 봄날은 다시 온다. 인생은 사랑이 있는 여행이다. 사랑이 있어야 인생이다. 사랑이 한 번뿐인 인생은 없다. 인생에서 사랑은 다시 온다. 그래서 인생은 아름답다. 우리가 어떤 상황에 부닥쳐 있든 간에 우리들의 삶은 계속되고 있고, 계속되어야 한다. 사랑은 삶을 계속되게 한다. 삶의 희망을 이어가게 한다. 그러기에 인생은 사랑이 있는 여행이다.

19인의 명사들의 모음글 《다시, 희망에 말을 걸다》에서 최옥정 작가의 〈당신이 따뜻해서 봄이 왔습니다〉를 보면, 마음에 사랑의 봄을 불러오는 표현들이 있어서 여러 번 읽어보게 된다. 그리고 겨울의 시련을 지나서 '내 인생에도 화사하게 꽃 피는 봄이 왔으면' 하고 희망하게 된다. "아무리 혹독한 시련의 겨울이 목을 조여도 봄이 오면 창문을 열고 외투를 벗고 세상으로 사뿐사뿐 걸어나갑니다" 라는 표현에서는 겨울의 시련보다는 봄의 희망이 더 큼을 느낀다.

"내 인생에는 봄보다 겨울이 훨씬 더 길었어요" 라는 표현에서는 인간에게는 누구나 시련의 겨울과 사랑의 봄의 계절이 공존한다는 것을 배운다.

"절망을 겪었기 때문에 희망의 단맛을 더 잘 음미할 수 있을 테고요"라는 표현에서는 나도 다시 희망을 품고 봄을 기다려야겠다는 소망을 갖게 되었다.

심리학자 존 그레이는 30대 중반에 사랑하는 사람과 이별을 경험했다. 그리고 몇 년간 내공을 쌓고 준비한 끝에 《화성에서 온 남자 금성에서 온 여자》를 출간하고 부부행복 전문가로 화려한 인생의 봄날을 맞이했다.

내가 힘들 때 SNS에 자주 올리면서 인용했던 구절은 "겨울은 반드시 봄을 데리고 온다. 분명, 인생도 그렇다"라는 표현이다. 또 마음에 새긴 표현은 "겨울은 영원히 지속되지 않는다. 봄이 순서를 건너뛰는 법도 없다"라는 말이다. 겨울의 혹독함을 겪어 보았기에 더 간절히 봄을 기다리는지도 모른다.

내 인생에도 다시 봄이 오면, 사랑하는 사람과 함께 봄을 즐기고 싶다. 그리고 나도 사랑하는 사람에게 말하고 싶다.

"당신이 따뜻해서 봄이 왔습니다"라고.

## 05
# 아름다운 부부는 최고의 예술작품이다

이제 두 사람은 비를 맞지 않으리라!
서로가 서로에게 지붕이 되어 줄 테니까.
이제 두 사람은 춥지 않으리라!
서로가 서로에게 따뜻함이 될 테니까.
이제 두 사람은 몸은 둘이지만
두 사람 앞에는
오직 하나의 인생만이 있으리라!
이제 그대들의 집으로 들어가라!
영원히 함께 있는 날들로 들어가라!

_아파치족의 축시 중에서

인디언 아파치족은 결혼할 때 족장이 신혼부부에게 축시를 들려준
다. 인생은 혼자 가는 여행이 아니라 남자와 여자 두 사람이 함께 가
는 사랑이 있는 여행이다. 부부가 함께 늙어가면서 서로 닮아가는 모

습은 그러한 의미에서 최고의 예술작품이다. 부부가 함께 백년해로
하는 모습보다 더 아름다운 명작은 없다.

부부의 리얼 감동 스토리를 묶은 《부부로 산다는 것》에서 작가 김
홍신은 혼자 사는 외로운 자유보다 둘이 함께 토닥거리는 평화를 생
생하게 그려냈다. 이 세상에서 행복한 부부로 살아가기 위해, 곁에 있
는 이와 진정 사랑하며 살아가기 위해, 마음속에 갖추어야 할 몇 가지
를 말하고 있다.

> 기댈 수 있는 어깨가 되어주는 배려,
> 원하는 사람이 되어주는 기쁨,
> 끊임없이 서로를 재발견하는 열정,
> 작은 행복을 찾아 나서는 여유,
> 꿈을 함께 이루어가는 행복.

부부는 인생 여정에서 만난 최고의 친구이고, 최고의 배우자이고,
최고의 인생 파트너다. 늘 곁에 있지만 그 소중함을 잊고 살았던 당신
의 반쪽에게 이 봄에는 사랑의 고백과 함께 더 가까이 다가가보는 것
은 어떨까? 부부가 행복하게 살아가는 곳에 모든 인생 행복의 패키지
가 다 들어 있다. 그러기에 부부는 함께 아름다운 명작을 만들어가는
최고의 배우들이다.

# 함께하면 더 행복한 버킷리스트

'버킷 리스트(bucket list)'는 죽기 전에 꼭 해야 할 일이나 하고 싶은 일들에 대한 목록이다. 어원은 중세 시대로 거슬러 올라간다. 'Kick the Bucket'이란 숙어로, 목을 매고 자살할 때 양동이 위에 올라가서 목을 밧줄노끈에 걸고 양동이를 발로 차서 죽는 것에서 유래했다.

국내에서도 〈버킷 리스트〉라는 영화가 흥행하면서 열풍처럼 버킷 리스트라는 단어가 책이나 방송 등에 많이 사용되었다. 영화에서 주인공의 버킷 리스트는 아래와 같았다.

1. 장엄한 광경 보기
2. 모르는 사람 도와주기
3. 눈물 날 때까지 웃기
4. 무스탕 셸비로 자동차 경주하기
5. 정신병자 되지 말기
6. 스카이다이빙하기
7. 가장 아름다운 미녀와 키스하기
8. 영구 문신 새기기
9. 로마, 홍콩 여행, 피라미드, 타지마할 여행하기
10. 오토바이로 만리장성 질주하기
11. 세렝게티에서 사자 사냥하기

주인공은 버킷 리스트를 하나씩 실행해가는 마지막 몇 개월간만이 자신의 인생에서 최고의 순간이었다고 친구에게 말한다. 그리고 서로의 인생에 진정한 기쁨을 찾아주었다며 영화가 끝난다. 영화에는 다음과 같은 대사가 나온다.

"고대 이집트인은 죽음에 대해 멋진 믿음을 가지고 있었네. 영혼이 하늘에 가면 신이 두 가지 질문을 한다네. 대답에 따라서 천국에 갈지 말지가 정해졌다는군. 인생의 기쁨을 찾았는가? 자네 인생이 다른 사람들을 기쁘게 했는가? 대답해 보게."

사람들에게 버킷 리스트를 짜보라고 하면 공통으로 사랑하는 사람과의 시간을 꼽는다. 또한, 잃어버렸던 삶의 열정을 되찾고 그동안 내버려뒀던 자아를 찾으며 인생의 의미를 깨닫는다. 머나먼 인생길에서 마지막에 웃는 사람은 사랑하는 사람들과 함께한 사람이다.

내게 시간이 얼마 남지 않았다면, 나는 사랑하는 사람과 과연 무엇을 하게 될까? 버킷 리스트를 생각하면서 목록을 짜다 보면 계획만 세우는 데도 웃음이 나며 행복해질 것이다. 이제 망설이거나 미루지 말고 나만의 버킷 리스트를 계획하고 하나씩 실행해보라. 버킷 리스트는 단순한 하고 싶은 일의 목록이 아니라 운명을 바꾸는 기적이 될 것이다.

# 4장

# 인생에 빛을 더하는
# 우정

*

친구를 갖는다는 것은 또 하나의 인생을 갖는 것이다.

_ 그라시안

# 01
# 친구가 재산이다

단명하는 사람과 장수하는 사람의 차이는 어디에 있을까? 건강관리나 식습관, 유전자, 성격, 생활환경, 흡연, 음주, 일하는 스타일, 사회적 지위, 경제 상황, 인간관계 등에 이르기까지 미국인 7,000명을 대상으로 9년간의 추적조사를 했다. 담배나 술은 건강에 영향을 끼치기는 하지만, 많이 해도 장수하는 사람들이 있었다. 화목한 가정에서 장수하는 사람이 있기도 했지만, 그렇지 않은 환경에서도 장수하기도 했다.

단 하나의 공통점이 나왔는데 바로 '친구의 수'였다. 친구가 많고 그들과 희로애락을 같이 하며 보내는 시간이 많을수록 장수하는 삶을 유지했다는 것이다. 친구의 수가 적을수록 쉽게 병이 걸리고 일찍 죽는 사람들이 많았다. 이 결과는 매우 흥미롭다. 친구와의 편한 관계는 스트레스를 줄여 성인병 발병률을 감소시켜 건강에 좋고 장수에 이르게 한다. 결국 친구는 보약인 셈이다.

무엇보다 인생 2막에는 친구가 필요하며, 친구처럼 소중한 재산은 없다. 친구가 있는 사람들은 노년에 가장 큰 부분을 차지하는 무료함에서 해방된다. 은퇴 후 인간관계는 점차 좁아지게 된다. 사회적 관계는 점점 사라지고, 가족과 자식은 떠나고, 부부 중 한 명도 먼저 떠난다. 많은 수의 친구가 장수에 영향을 미치는 결과를 보면 알 수 있듯이, 화목한 가정은 장수에 큰 영향을 미치지 않았다.

어느 노인이 개구리 한 마리를 잡았는데 개구리가 "제게 키스를 해주시면 저는 예쁜 공주로 변할 거예요"라고 말했다. 그런데 이 말을 들은 노인이 키스는커녕 개구리를 주머니 속에 넣어버렸다. 개구리가 깜짝 놀라 이유를 묻자, 노인이 말했다.

"너도 내 나이가 되어 보면 공주보다 말하는 개구리가 더 좋을 거야."

친구가 점점 귀해지는 노년에는 이야기를 나눌 상대가 소중해진다. 노인이 예쁜 공주보다 주머니 속에 늘 데리고 다니며 말하는 개구리를 선택한 이유가 여기에 있다.

소노 아야코의 《중년 이후》에 보면 다음과 같은 구절이 나온다.

"중년이란, 이 세상에 신도 악마도 없는 단지 인간 그 자체만이 존재한다는 사실을 깨닫게 되는 시기다. 인맥을 정치적으로 이용해서도 안 된다. 친구라는 사실에 세속적인 부가가치를 곁으로 내세우려 해서는 안 된다. 그저 만나고 싶을 때 만날 수 있고, 이야기하고 싶을 때 시간을 할애하며, 병이 났을 때는 진심으로 위로해주고, 남녀 관계를 초월해 예의를 갖추며, 마음의 상처도 이야기할 수 있는 사람을 친구로 대하는 것이 진정한 인맥일 것이다."

주어진 삶을 멋지게 엮어가는 지혜는 우정에 있다. 사람은 사회적 동물로 혼자서는 행복을 누릴 수 없다. 그리고 그 행복은 친구가 있는 사람만이 누릴 수 있는 특권이다.

## 02

# 오성과 한음, 재치와 우정으로 나라를 지킨 충신

친구는 제2의 자신이다.

_아리스토텔레스

아마도 한국사에서 우정의 대표 명사는 오성과 한음일 것이다. 격동의 시대를 통과한 조선 중기의 명신, 백사 이항복1556~1618은 조선시대에서도 특별히 친숙한 인물이다. 오성은 오성부원군 이항복이고, 한음은 한원부원군 이덕형1561~1613이다. 서로 다섯 살 차이였던 두 사람은 뛰어난 인물이 많이 배출되었던 16세기의 우뚝한 존재였다. 이항복과 관련해서 널리 알려진 사실은 한음 이덕형과의 우정에서 나온 이야기일 것이다.

이항복은 전염병으로 몰살한 일가족의 염습을 이덕형에게 부탁받고 혼자 그 집에 갔는데, 갑자기 시체가 일어나 볼을 쥐어박는 바람에 혼비백산했다. 알고 보니 이덕형의 장난이었다. 오성은 우연히 도깨비를 만나 장차 정승까지 하리라는 예언을 듣는다. 그리고 한음에게 변소에서 자기는 불알을 당기는 도깨비를 만나 예언을 들었다고 하며 변소에 가서 앉아보라고 한 뒤 노끈으로 불알을 매어 당겼다. 한음이 아픔을 참고 견디자 정승까지 하겠다고 말한 뒤 변소에서 일어난 일을 본 것 같이 말했다. 이에 한음은 비로소 오성에게 속은 줄 알았다는 것이다.

이러한 오성과 한음의 이야기는 두 사람이 어린 시절부터 동문수학하면서 우정을 나누었다는 데에 기초한다. 두 사람이 실제로 처음 만난 시점은 어린 시절이 아니라 1578년 과거 시험장에서였다. 당시 성균관 유생이던 오성이 스물둘, 백면서생이던 한음이 열일곱 살 때다. 한음의 시문집인 《한음문고》에는 두 사람이 이때 처음 만나 우정이 시작되었다고 기록되어 있다. 한음이 오성에게 보낸 77통의 편지를 보면 형이라는 격의 없는 호칭을 썼으며 '형도 내 마음은 몰라요' 라며 어리광 섞인 표현도 썼음을 알 수 있다. 두 사람은 조선 붕당정치를 뛰어넘는 공평무사의 실천가이기도 했다.

오성과 한음은 과거에 합격한 후 선조 치세의 최고 명신 반열에 오른다. 두 사람의 재목감을 알아본 사람은 율곡 이이였다. 과거 급제 후 3년 만에 두 사람은 학문이 탁월한 관료에게 주어지는 사가오서에 추천되기도 했다. 두 사람은 선조시대 국가 누란의 위기와 광해군 시대 정치적 격랑을 거치면서 생사를 같이하는 문경지교를 수립했다. 선조의 피란길을 수행하며 생사고락을 함께했고 한음이 명나라에 입국해 원병 파병을 끌어내면 오성이 접반사가 되어 그들을 접대했다.

또 병란 시기에 가장 중요한 병조판서 직을 돌아가며 맡았고, 이후 재상 자리에 올라 병란 수습에 앞장섰다.

오성과 한음의 우정 이야기를 쓰면서 우정의 소중함을 새삼 배우게 된다. 개인의 우정을 넘어 나라를 구하는 우국충정으로까지 이어진 오성과 한음의 우정을 다시 생각해보면서 그 해학과 기지가 넘쳤던 선조들이 지켜온 이 나라를 더 사랑해야겠다는 마음이 든다. 그리고 지금까지 살아왔던 인생 여정에서 만났던 관계를 더 소중하게 발전 시켜 나가야겠다는 생각을 해본다.

# 03

# 관중과 포숙,
# 서로의 발전에 보탬이 되는 관포지교

'관포지교'란 말은 관중과 포숙의 사귐으로, 영원히 변치 않는 참된 우정을 뜻한다. 《사기》의 춘추좌전 장공편에는 관포지교에 대한 다음과 같은 아름다운 이야기가 기록되어 있다. 개인적인 관계에서는 친구의 우정을 되돌아볼 수 있으며, 국가적인 관계에서는 충신의 의미를 돌아볼 수 있다.

관중과 포숙은 어릴 적부터 한마을에서 자란 둘도 없는 어깨동무이자 죽마고우였다. 그러나 두 사람의 가정 형편은 너무나 달랐다. 관중은 홀어머니를 모시고 그야말로 찢어지게 가난한 삶을 살았다. 그러나 포숙의 가정 형편은 좀 나은 편이었다. 두 사람은 같은 서당에 다니며 글공부를 했고, 나이가 들어서는 같이 장사를 하기도 했다. 벌어들이는 돈을 나눌 때 포숙은 늘 형편이 어려운 관중에게 얼마라도 더 챙겨주려고 애를 썼다.

이후 두 친구는 나란히 벼슬길에 올라 관중은 양공의 아들 규를 측근에서 보좌하게 되었고, 포숙은 규의 이복동생인 소백의 사부가 되었다. 이 벼슬길이 두 친구 사이의 운명을 가르는 고비가 되었다. 양공의 뒤를 이을 왕위를 두고 규와 소백 두 형제와 조정 대신 간에 피비린내 나는 싸움이 벌어진 것이다.

결국 동생 소백이 승자가 되어 환공으로 왕위에 올랐다. 당연히 환공이 된 소백의 어릴 적 스승 포숙에게는 출세의 길이 활짝 열렸다. 반면에 규를 따르던 관중은 역적으로 몰려 목숨이 경각에 처한 절체절명의 위기를 맞게 되었다. 제나라의 새 군주가 된 환공은 이복형 규를 죽이고, 그의 추종 세력들을 모두 처형하기 시작했으니 관중과 포숙의 입장도 심히 어렵게 되었다.

환공의 어릴 적 스승으로 절대적인 신임을 받고 있던 포숙은 이제 제나라의 재상 자리를 눈앞에 두고 있었다. 이때 포숙은 여러 대신 앞에서 환공에게 정중히 아뢰었다.

"나라만을 생각한다면 제가 재상직을 맡을 수도 있습니다. 하지만 앞으로 주상께서 중원 천하를 제패하고 다스리시려면 관중을 벌하시기보다는 그를 재상 자리에 중용하여 주옵소서."

주위에 모여 있던 대신들이 수군대기 시작했다. 재상 자리를 마다하고, 아무리 친하다고 하더라도 역적인 관중을 중용하라고 간청했으니 말이다. 그러나 환공은 포숙의 진언을 받아들였으며, 노나라에 망명 중이던 관중은 포숙의 간절한 부름을 받고 제나라로 돌아와 대부가 되어 정사를 맡고 재상 자리까지 올라 성심성의껏 환공을 보필하여 부국강병을 이루었다.

훗날 그런 친구 포숙을 두고 관중은 이렇게 말했다.

"일찍이 내가 가난할 때 포숙과 함께 장사했는데, 이익을 나눌 때 나는 내 몫을 더 크게 했다. 그러나 포숙은 나를 욕심쟁이라고 말하지 않았다. 내가 가난함을 알고 있었기 때문이다. 또한, 내가 사업을 하다가 실패했으나 포숙은 나를 어리석다고 말하지 않았다. 세상 흐름에 따라 이로울 수도 있고 그렇지 않을 수도 있음을 알았기 때문이다.

내가 세 번 벼슬길에 나아갔다가 번번이 쫓겨났으나 포숙은 나를 무능하다고 말하지 않았다. 내가 시대를 만나지 못했음을 알았기 때문이다.

내가 싸움터에 나가 세 번 모두 패하고 도망쳤지만 포숙은 나를 겁쟁이라고 비웃지 않았다. 내게 늙으신 어머니가 계심을 알았기 때문이다.

나를 낳은 이는 부모님이지만 나를 알아준 이는 포숙이다."

참으로 진실하고 아름다운 우정이 아닐 수 없다. 진정한 친구란 무엇인가를 깨닫게 해주는 고사다. 이렇게 허물없이 돈독하며 서로에게 발전이 되는 관계가 또 있을까? 오늘날에도 관포지교 같은 참된 우정을 만들어 가려면 네 가지의 관점에서 이해할 필요가 있다.

### 하나, 관중의 입장이다

관중에게 포숙은 최고의 친구이자 자산이다. 친구 복으로 치자면 인류 역사상 최고가 아닐까 싶다. 그래서 관중은 임종에 이르러 "날 낳은 이는 부모지만, 날 알아준 이는 포숙"이라고 말했다. 포숙은 관중의 일생에 디딤돌이자 생명의 은인이었다.

### 둘, 포숙의 입장이다

그는 관중의 뛰어난 정치적인 재능을 아꼈다. 관중과 자신의 차이에 대해서도 잘 파악하고 있었다. 차이에 따라서 역할이 어떻게 다를 것인지도 알았다. 어떻게 보면 굉장히 밝은 눈을 지녔던 사람이었다. 포숙에게 있어서 관중은 재능 있는 친구, 장차 큰일을 할 인재였다. 그런 의미에서 포숙은 공동체를 위해 굉장히 현실적이며 선한 선택을 했다.

### 셋, 제나라 백성의 입장이다

관중의 어려웠던 시절과 포숙을 친구로 둔 행운은 작은 이야기에 불과하다. '나라를 위해 필요한 인물인가? 나라에 도움이 될 인물인가?' 하는 기능적 측면의 이해가 우선이다. 백성을 위해 좋은 정책을 입안하고, 그것을 과감하게 추진할 정치인 관중을 원했다. 인재가 적재적소에 활용된 좋은 사례다.

**넷, 오늘날 나의 우정에 대한 관점이 정리된다**

포숙의 단단한 우정에 의해 관중의 좋은 재능이 지켜졌고, 그 결과 훌륭한 정치가 실현되면서 백성에게 이익이 돌아갔다. 인간관계에서 우정과 의리를 지켜간다는 것, 그리고 공동체를 위해서 대의를 지켜가야 한다는 것을 새로이 배울 수 있다. 예나 지금이나 관중과 포숙 같은 진정한 우정의 사귐은 매우 드물고 어렵다.

100세 시대를 살아갈 에너지 중 하나로 진정한 친구 관계를 다시 꿈꾸어 봐야 한다. 포숙처럼 나라를 위해 정적의 허물을 용서하고 재능을 살려주는 친구가 될 수 있는지를 깊이 생각해본다.

# 04
# 밀레와 루소, 역경에서 더 빛난 우정

풍요 속에서는 친구들이 나를 알게 되고,
역경 속에서는 내가 친구를 알게 된다.

_존 철튼 콜린스_

해 질 녘 농부 부부가 수확을 마치고 신께 감사의 기도를 드리는 명화, 〈만종〉으로 널리 알려진 화가 밀레는 지금은 세계적인 화가로 인정받지만, 처음부터 그의 그림이 주목받은 것은 아니다. 그의 그림을 눈여겨봤던 것은 친구 루소였다. 루소 역시 어려운 역경을 극복하면서 자신의 사상과 생각을 정립해가는 처지라서 아마도 어려움을 이겨내면서 한 걸음씩 그림을 그려나가는 밀레의 그림에 애착과 관심을 깊이 두게 된 것일지도 모른다.

밀레는 난방도 되지 않는 추운 곳에서 그림을 그리고, 아내와 아이들은 며칠째 굶고 있었다. 작품 한 점 제대로 팔리지 않아 가난에 허덕이던 밀레에게 어느 날 루소가 찾아왔다.

"여보게, 좋은 소식이 있네. 자네의 그림을 사려는 사람이 나타났

네. 내가 화랑에 자네의 그림을 소개했더니 적극적으로 구입 의사를 밝히더군. 이것 봐, 내게 그림을 골라 달라고 선금까지 줬다네."

루소는 이렇게 말하며 밀레에게 300프랑을 건네주었다. 밀레는 친구 루소의 말에 기뻐하면서도 한편으로는 의아했다. 왜냐하면, 그때까지 밀레는 작품을 팔아본 적이 별로 없는 무명 화가였기 때문이었다. 입에 풀칠할 길이 막막하던 밀레에게 그 돈은 생명줄이었다. 또 자신의 그림이 인정받고 있다는 희망을 안겨주었다. 그리하여 밀레는 생활에 안정을 찾았고, 보다 그림에 몰두할 수 있었다.

몇 년 후 밀레의 작품은 화단의 호평을 받아 비싼 값에 팔리기 시작했다. 경제적 여유를 찾게 된 밀레는 친구 루소의 집을 찾아갔다. 그런데 몇 년 전에 루소가 남의 부탁이라면서 사간 그 그림이 그의 거실 벽에 걸려있는 것이 아닌가?

밀레는 그제야 친구 루소의 깊은 배려심을 알고 그 고마운 마음에 눈물을 흘렸다. 가난에 찌들었지만, 친구의 자존심을 지켜주기 위해 사려 깊은 행동을 한 루소는 남의 이름을 빌려 친구 밀레의 그림을 대신 사주었다.

무명이었던 친구 밀레의 가능성을 보고 그림을 사주면서까지 진정한 우정을 보여주었던 밀레의 친구 루소에 얽힌 이야기를 하나 더 소개하고자 한다. 루소의 사람 보는 안목이 어떻게 길러졌는지에 대해서 이해하는 데 도움이 될 것 같다.

프랑스 리옹에서 성대한 파티가 열렸다. 화기애애한 파티 분위기는 몇몇 손님들이 그림 한 장을 두고 벌인 언쟁으로 험악해졌다. 파티 주최자는 곧 기지를 발휘해 곁에 있던 시종을 불러 그 그림에 관해서 설명해보라고 했다. 사람들은 한낱 시종이 무엇을 알겠느냐는 의심의 눈길을 보냈다. 하지만 바로 그 미천한 시종이 그림의 주제를 설명하기 시작하자 모두 놀라움을 감추지 못하고 술렁였다. 그만큼 시종의 설명은 깊이 있고 세밀했으며 관점도 반박할 여지없이 완벽하고 신선했다. 한 손님이 궁금증을 참지 못하고 시종에게 어디에서 이런 교육을 받았는지 물었다.

그러자 젊은 시종은 얼굴을 붉히며 대답했다.

"저는 아주 많은 학교에서 배웠습니다. 하지만 그중에서 가장 오랫동안 머무르며 가장 많은 것을 배웠던 학교는 바로 역경이라는 학교였습니다."

이 시종의 이름은 장 자크 루소였다. 루소는 평생 수많은 고난과 역경을 겪었지만, 그것을 오히려 사회의 각 방면에 대해 심도 있게 연구하고 이해하는 기회로 삼았다. 그 덕분에 그는 방대한 지식을 습득했고, 이를 바탕으로 자신만의 위대한 사상을 만들어냈다. 고난과 역경은 아주 좋은 학교다. 진정한 성공의 씨앗이 바로 역경 속에서 싹트기 때문이다. 화가 밀레와 사상가 루소의 우정도 역경 속에서 싹튼 소중한 우정이었기에 그들의 우정이 더 진한 감동을 준다.

# 05
# 류성룡과 이순신, 벗을 영웅으로 만든 우정

> 현인을 추천, 등용시켜 상상上賞을 받는 것은 옛날의 도리다.
> 세상 사람들은 임진전란에 류성룡 선생이 자신의 힘을 다 쓴 공로가 있음을 말하고
> 있지만, 나는 이 일을 류 선생의 경우에는 사소한 이리이고 그보다는 더 큰 이리가
> 있다고 여겨진다. 그 당시 우리나라가 망하지 않은 것은 충무공 한 사람이 있었기
> 때문이다. 처음에 충무공은 한 사람의 부장副將에 불과했으니
> 류 선생이 아니었다면 다만 군졸들 중에서 목숨을 버리고 말았을 뿐이다.
> _ 조선 후기 실학자 성호 이익

중국에 '관포지교'가 있다면, 조선에는 '류이지교'가 있다. 당대 최고의 천재였고 경세가였던 류성룡과 이순신의 우정은 각자의 단점보다 장점을 더 중시하며 서로에게 멘토가 되어 주었다. 그들의 우정이 멸망의 위기 앞에 선 조선을 구했다. 이순신의 부모는 이순신의 몸을 낳았지만, 류성룡은 이순신이라는 군신을 낳았다.

이순신과 류성룡은 꿈속에서도 비바람을 함께 맞았을 만큼 서로를 그리워한 친구 사이였다. 이순신은 꿈속에서도 류성룡과 함께 나라를 걱정했다. 이순신이 임진왜란의 위기 7년간 쓴 《난중일기》에는 류성룡이 등장하는 꿈이 4번 등장한다. 류성룡은 이순신에게 그만큼 중

요한 인물이었다. 1593년 8월 1일 《난중일기》에는 다음과 같이 류성룡과 이순신의 긴밀한 관계가 기록되어 있다.

"새벽 꿈에 커다란 궁궐에 도착했는데 서울인 것 같았고, 이상한 일이 많았다. 영의정 류성룡이 와서 인사하기에 나도 답례했다. 임금이 피난 가신 일을 이야기하다가 눈물을 흘리며 탄식하다가 '왜군의 형세는 이미 끝났다'라고 말했다. 서로 일을 의논할 즈음, 사람들이 구름같이 모여들었다."

이순신이 대궐에 간 꿈을 꾼 1593년 8월 1일은 그에게 중요한 일이 일어난 날이다. 전쟁이 일어난 뒤 1년여 동안 조선 수군은 전라좌수사 이순신, 경상우사 원균, 전라우수사 이억기가 공동 지도자로 수군을 운영했다. 최고의 지도자가 없는 상태에서 많은 갈등이 유발되었다. 이순신이 류성룡을 만나 나라를 걱정하는 꿈을 꾼 그날, 조정에서는 삼두마차의 갈등 해결책으로 최고 지휘관인 삼도 수군통제사 제도를 신설했고, 이순신을 임명했다. 이순신이 삼도 수군통제사가 된 것을 안 것은 8월 10일이었고, 정식 교서가 도착한 것은 8월 25일 경이었다. 이순신이 미래를 예지한 꿈 중 하나다. 이렇듯 이순신과 류성룡은 위기의 조선을 구하기 위해서 꿈속에서도 비바람을 함께 맞으면서 그리워한 친구 사이였다.

《홍길동전》을 지은 허균에 따르면 류성룡, 이순신, 원균, 허균의 형

허봉은 모두 서울 건천동 출신이라고 한다. 허균은 류성룡이 이순신을 등용한 것이 나라를 중흥시킨 큰 공로 중 하나라고 높이 평가했다. 류성룡과 이순신은 닮았기에 쉽게 통했던 사이였다. 상대방의 능력을 알아보는 능력을 갖춘 혜안이 있는 사람들이었다. 류성룡과 이순신은 자신의 장점은 살려주고, 단점은 조용히 고쳐주는 진정한 친구였다.

류성룡과 이순신은 어린 시절부터 친했다. 특히 먼저 과거에 급제해 화려하게 출세한 류성룡은 진흙 속에 숨은 보석이었던 이순신을 끊임없이 후원했다. 류성룡의 군사적 재능과 사람의 능력을 알아보는 능력은 임진왜란에서 크게 발휘되었다. 그는 일본의 침략을 대비하기 위해 문신 관료였던 정5품 형조정랑 권율을 정3품 의주목사로 발탁했고, 변방의 하급 장교였던 이순신을 전라좌수사가 되도록 적극적으로 후원했다. 이순신은 자신을 발탁한 재상이자 병법가인 류성룡과 전쟁 중에도 수시로 다양한 의견을 주고받았다.

이순신이 남긴 《난중일기》와 《임진장초》를 보면 류성룡은 이순신에게 살아있는 유일한 멘토이며 친구였던 것을 알 수 있다. 류성룡은 스승 이황에게 《근사록》 등의 성리학을 배웠고, 스승 이황은 류성룡의 자질을 높이 평가하여 하늘이 낸 사람이라고 평가했다. 그러한 류성룡의 사람 보는 안목과 식견이 이순신을 발탁하여 위기에 빠진 조선을 구했다. 류성룡과 이순신의 우정은 조선을 위기에서 구하고 벗을 영웅으로 만든, 역사에 남는 위대한 우정이다.

# 100세 시대 여정의 보약, 우정 테크!

미국에서 7,000명을 대상으로 9년간 흥미로운 조사를 했다. 흡연, 음주, 일하는 스타일, 사회적 지위, 경제적인 상황, 대인관계 등을 추적 조사한 것이다. 여러 가지 요인 중에서 장수하는 사람들의 공통적인 특징 중의 하나는 친구가 많다는 것이다. 인생의 기쁨과 슬픔을 함께 나눌 수 있는 친구들이 있다는 것은 그만큼 행복한 인생이 되어 장수로 이어진다는 연구 결과를 낳았다. 친구들과 보내는 즐거운 시간이 많을수록 스트레스가 줄어들어서 건강한 삶을 살아갈 수 있다.

이제는 미국이나 일본뿐만 아니라 우리나라도 삶의 질 향상과 의료기술의 발달로 100세 시대가 점차 현실화되었다. 100세 시대를 행복하게 살아가기 위해서는 인생 여정의 보약과 같은 친구들이 있어야 한다. 친구는 그냥 친구, 좋은 친구, 진정한 친구 등의 유형이 있을 수 있다. 그냥 친구는 얼굴과 이름을 아는 동창 정도의 친구를 말할 것이다. 좋은 친구는 경조사를 챙겨주는 정도의 친구를 말한다. 친목을 다지면서 식사도 하고 운동도 같이 하는 친구일 것이다.

그렇다면 진정한 친구는 어떠한 친구일까? 진정한 친구의 5가지 조건을 생각해본다.

첫째, 내 마음의 고민까지도 다 털어놓을 수 있는 속 깊은 친구

둘째, 인생 여정에서 힘들어할 때 함께 울어주며 위로해주는 친구

셋째, 누구보다도 끝까지 나를 믿고 이해해주는 친구

넷째, 어려움을 함께 나누면서 같이 갈 수 있는 친구

다섯째, 서로의 발전을 위해서 평생을 함께하는 친구

100세 시대를 행복하게 살아가기 위해서는 진정한 친구가 있어야 한다. 인생의 전반전은 앞만 보면서 달려오느라 진정한 친구를 제대로 만들지 못했다면, 인생의 후반전에는 함께하는 진정한 친구를 만들어서 행복한 인생 여정을 향해 함께 가야 한다.

진정한 친구를 만들려면 어떻게 해야 할까? 진정한 친구를 만들어가는 10가지 우정 테크를 공개한다.

1. 내가 먼저 다가간다.

2. 함께 웃고 함께 운다.

3. 믿고 인정한다.

4. 어려워도 도움을 준다.

5. 자아실현 활동을 같이한다.

6. 친구의 친구를 질투하지 않는다.

7. 친구의 성공을 시기하지 않는다.

8. 친구에게 예의와 존경을 표한다.

9. 친구의 과실에 용서를 베푼다.

## 10. 친구를 나처럼 아끼고 사랑한다.

100세 시대 인생 여정의 보약이 될 친구 관계를 살펴보았다. 지나온 인생 전반전의 우정 관계를 돌아보고 100세 시대까지 살아갈 진정한 친구의 의미를 되새겨보자. 지금까지 살아오면서 좋은 친구들의 도움으로 여기까지 올 수 있었다. 이제부터는 내가 그들에게 좋은 친구가 되어 받은 사랑을 갚는 삶을 살아야겠다고 다짐해본다. 친구가 있어서 힘든 시절을 이기고 여기까지 올 수 있었고, 앞으로의 인생 여정도 좋은 친구들과 더불어 더 멋진 여정을 만들어가고자 한다.

# 5장

# 취미는 인생의 여백을
# 아름답게 채색해가는 희망 펜이다

*

당신이 좋아하는 게 있으면 그걸 취미로 삼아라.
세상이 좋아하는 게 있으면 그걸 비즈니스로 삼아라.

_워런 버핏

# 01
# 걷기 예찬론

> 나는 천천히 걷지만 절대로 뒷걸음치지는 않는다.
>
> _에이브러햄 링컨

걷기를 통해서 건강을 찾았고, 깊이 생각할 수 있었고, 미래를 계획할 수 있었다. 내가 걷기를 통해서 유익을 체험하기 시작한 것은 2009년경부터. 빚 독촉으로 인해 나는 편히 잠을 잘 수가 없었다. 잠을 자다가도 숨이 가빠서 제대로 잘 수 없는 날이 많았다. 이자에 대한 걱정으로 죽을 것만 같은 압박감에 가슴이 조여오고 힘들 때가 많았다. 그래서 잠을 청하다가도 힘들면 벌떡 일어나 가벼운 운동복으로 갈아입고 인근에 새로 생긴 운동장의 트랙으로 가 걷기 시작했다.

걸으면서 많은 생각을 했다. '나는 도대체 왜 이렇게 빚을 지고 고생을 하게 되었을까? 이 빚더미에서 내가 헤어나려면 어떻게 해야 할까?'를 골똘히 생각하고 또 생각하면서 걷고 또 걸었다.

그렇게 위급할 때 시작된 걷기는 10여 년간 계속되었다. 이제는 걷기가 습관이 되었다. 지금 돌이켜 생각해보면 위급할 때 시작했던 걷기가 나를 살린 셈이다. 김영길 한의사는 "누우면 죽고 걸으면 산다"

라고 했다. 지난 10여 년간 꾸준히 걸으면서 몸소 체험한 바를 정리해 보고자 한다.

**첫째, 걷기의 유익은 '건강'이다.**

걸으니 건강해졌다. 걷기가 나를 살렸다. 처음에는 아무 생각 없이 그냥 걸었지만, 걷기가 주는 건강의 유익에 대한 유명 인사들의 말을 찾아보니 이미 의학적으로도 걷기가 주는 효과가 증명되었다.

토머스 제퍼슨은 말하기를 "걷기는 최고의 운동이다. 멀리 걷기를 습관화하라"라고 했다. 제퍼슨의 말대로 나에게도 걷기 자체가 최고의 운동이 되었다. 영국의 역사학자 트레벨리안은 "나에게는 두 명의 의사가 있다. 내 오른발과 내 왼발이다. 두 발로 걷는 것이 최고의 의사다"라고 말했다.

히포크라테스 선서로 유명한 그리스 의학자 히포크라테스는 "최고의 약은 걷는 것이다"라고 했다. 아산병원장 박성욱 박사는 "걷기는 체지방을 연소시키는 효과가 뛰어나다. 혈액 순환을 원활하게 해주어서 심장병의 주원인인 동맥경화 예방에 많은 도움을 준다"라고 했다. 하타노 요시로우는 "걷기로 생활 습관의 80% 이상 예방이 가능하며 노화를 방지하고 관절이 튼튼해짐은 물론 치매 예방에도 좋다"라고 했다.

캐나다의 운동노화센터에는 걷기에 대한 마음과 같은 표어가 있다. "일주일에 세 번, 30분씩 빠른 걸음으로 걸으면 나이를 10년 되돌릴 수 있다."

이 말에는 실증적 힘이 있다. 매일은 아니지만, 규칙적으로 10년을 걸었더니 나도 건강한 신체를 유지하게 되었으니 말이다. 힘들 때마다 걸으면서 그때는 몰랐지만, 이렇게 글을 쓰면서 확실히 깨닫는 것은 "걷기가 내 건강을 지켜주었다"는 것이다.

여러분도 건강한 몸을 원한다면 걷기를 습관화해 보기를 바란다. 영국 속담에 "우유를 마시는 사람보다 우유를 배달하는 사람이 더 건강하다"라는 유명한 말도 있지 않은가?

**둘째, 걷기의 유익은 '생각의 숙성'에 있다.**

나는 힘들 때마다 근처 공원에 가서 걸으면서 생각을 정리하곤 한다. 책을 쓰기 시작하면 걸으면서 책의 목차와 내용을 정리하곤 한다. 2015년도에 출간한 《일어나다》를 쓸 때는 공원을 걸으면서 책의 제목과 목차를 모두 정하기도 했다. 또 해결해야 할 문제가 있을 때, 걸으면서 깊이 생각하다 보면 생각이 실타래 풀리듯이 풀리고 정리되는 경우가 많았다.

독일의 철학자 니체는 "진정 위대한 모든 생각은 걷기로부터 나온다"라고 했다. 미국의 작가이며 시인인 헨리 데이비드 소로우는 "내 다리가 움직이기 시작하면 내 생각도 흐르기 시작한다"고 했다. 사르트르는 "인간은 걸을 수 있는 만큼 존재한다"라고 했다. 《에밀》등 유명한 책을 남긴 장 자크 루소도 걷기와 생각의 숙성에 대한 유명한 말을 남겼다.

"나는 걸을 때 생각할 수 있다. 걸음이 멈추면 생각도 멈춘다. 나의 정신은 오직 나의 다리와 함께 움직인다."

그의 교육 철학이 담긴 《에밀》같은 명작도 이러한 생각의 숙성 과정을 통해서 탄생했을 것이다.

**셋째, 걷기가 주는 유익은 '미래를 설계하는 힘' 이다.**

나는 걸으면서 기도하고 미래를 설계했다. 그러면 기적과 같이 모든 일이 이루어져 가는 것을 체험하곤 했다. 그래서 에이브러햄 링컨이 한 "나는 천천히 걷지만 절대로 뒤로 뒷걸음치지는 않는다" 는 말을 참 좋아한다. 걷기를 통해 링컨처럼 미래를 설계하고 꿈꾸는 데 큰 힘이 되었다.

걷기는 실로 삶의 만병통치약 같다. 힘들 때마다 답답한 마음을 해소하고자 공원에 가서 걸었던 걷기가 이렇게 큰 유익을 주는 줄은 몰랐다. 걷기의 효과를 몸소 체험하고 나서 걷기 예찬론자가 되었다. 내게 글쓰기 지도를 받는 작가들에게 종종 말한다. "책 제목, 목차, 책의 내용 등을 잘 정리하고 싶으면 걷기를 통해서 생각을 정리하면 된다" 라고 말이다. 100세 시대까지 행복하게 살아가는 최고의 비결 중의 하나가 걷기임을 새삼 깨닫게 되어 감사하다.

## 02
# 삶의 선물과도 같은 음악, 영화 그리고 미술

음악이 천사의 언어라고 한 것은 올바른 표현이다.
_토머스 칼라일
다 틀렸다고 생각되더라도 한걸음 내디더라.
_구로사와 아키라

음악과 영화는 인생에 주는 최고의 선물 중의 하나다. 그래서 멋진 영화에는 언제나 음악이 함께 어우러져 조화를 이룬다. 한 편의 명곡을 만든 음악가는 그러한 명곡을 만들기 위해서 일평생 각고의 노력을 기울인다. 베토벤은 실명이 된 상태에서 〈운명 교향곡〉을 작곡하여 위대한 작곡가가 되었다. 음악에 대한 명사들의 찬사는 가슴에 깊은 공감을 남긴다.

영국 비평가 겸 역사가인 토머스 칼라일은 자신의 수필집에서 "음악이 천사의 언어라는 말은 올바른 표현이다"라고 했다. 존 윌슨도 음악에 대해서 말하기를 "음악은 세계 공통어"라고 말했다. 때로는 인간의 정치로 풀 수 없는 문제를 음악을 통해서 해결하는 때도 많다.

그뿐만 아니라 한 편의 영화가 주는 감동과 인생에 주는 선물은 이루 말로 다 표현할 수 없다. 나는 힘들 때 영화 〈레미제라블〉을 보면서 많은 위로와 용기를 얻었다. 원작자인 빅토르 위고 자신의 인생 체험이 담긴 스토리를 영화로 만들어서 배우들이 뛰어난 연기력으로 아름다운 음악과 함께 표현해서인지 깊은 감동으로 다가왔다.

음악 없이는 살아갈 수 없으며, 다양한 장르의 음악을 즐기는 편이다. 가요, 팝송, 클래식, 국악까지 내가 좋아하는 음악 장르는 다양하다. 최근에는 KBS〈열린음악회〉에서 국악여신이라 불리는 송소희가 부르는 노래를 들으면서 많은 감동을 받았다.〈서편제〉 영화와 음악으로 많은 사람에게 감동을 준 오정해의 음악을 좋아하는 것은 물론이다.

우리나라 가수의 가요는 또 얼마나 심금을 울리는가? 인순이의 〈거위의 꿈〉을 들으면 그 가사가 마치 인순이의 인생 고백 같아서 한 소절 한 소절을 음미하면서 듣는다. 마음이 좀 울적한 날은 주현미의 〈비 내리는 영동교〉를 들으니 참 좋았다. 공항 가까이에 살아서인지 문주란의 〈공항의 이별〉을 들어보면 허스키한 창법이 얼마나 멋진지 모른다. 내가 좋아하는 가수와 노래는 이루 헤아릴 수 없을 정도로 많다. 아마 많은 이들이 음악을 듣지 않고는 살아갈 수 없을 것이다. 최근에 히트곡 〈밤에 떠난 여인〉을 부른 하남석 가수와 SNS 친구가 되었는데, 그 노래가 그렇게 좋을 수가 없다.

내가 좋아하는 클래식 가수는 우리나라 조수미, 클래식의 거장 중에는 베토벤, 모차르트, 바흐의 음악이 있다. 그 이유는 그들이 역경과 고난을 뛰어넘으면서 명곡들을 만들어냈기에 더욱 그러한 것 같다. 나는 특별히 역경을 딛고 일어나 명작을 만들어낸 음악가들과 그들의 작품들에 관심이 많다. 베토벤의〈운명 교향곡〉, 베르디의〈히브리 노예들의 합창〉, 헨델의〈할렐루야〉등을 힘들 때 들어보면 삶에 대한 새로운 희망이 샘솟는다. 아마도 그 곡에는 음악가들의 역경을 극복한 인생 스토리가 담겨 있기에 더욱더 그러한 것이 아닐까 싶다.

또한, 인생은 한 편의 영화와 같다.《마음이 꺾일 때 나를 구한 한마디》라는 책을 통해서 영화감독 구로사와 아키라의 이야기를 접하고 영화와 인생과의 관계를 이해할 수 있었다. 그는 일본과 세계를 대표하는 영화감독이 되었지만, 영화 흥행에 참패하고 절망에 빠져 자살을 시도한다. 다행히 자살 미수에 그쳤지만, 병원에 입원하여 병상에 누워 자신의 인생을 깊이 되돌아본다. 인생에서 가장 하고 싶은 것이 무엇인지 성찰하고 영화를 찍고 싶다는 강한 욕구를 발견했다.

병상에서 초심을 되찾은 그는 다시 영화계에 컴백하여 전국시대를 무대로 한 영화 〈카게무샤〉의 각본 작업에 매달렸다. 그런데 영화 제작에 필요한 비용은 무려 12억 원에 달했다. 당시 일본 영화계는 불황의 한가운데 있었기 때문에 그런 돈을 대줄 제작자는 아무도 없었다. 하지만 어떻게 해서든지 이 영화를 찍고 싶다는 구로사와 감독의 마음은 흔들리지 않았다. 그는 200매나 되는 콘티(영화의 내용을 그림으로 나타낸 것)를 수일에 걸쳐서 수채화로 직접 그렸다.

이 패기에 찬 200매의 그림 콘티를 본 미국인이 직접 나섰다. 구로

사와의 제자라고 밝힌 프랜시스 F. 코플라 감독과 조지 루커스 감독이었다. 두 사람은 〈카게무샤〉 외국판의 프로듀서로 나섰고, 20세기 폭스사가 50만 달러의 자금을 대도록 연결해 주었다. 이렇게 해서 〈카게무샤〉는 무사히 제작될 수 있었다. 이윽고 완성한 〈카게무샤〉는 칸 영화제에서 그랑프리를 수상했고, 27억 엔이 넘는 흥행 수입을 올리며 일본 영화의 신기록을 세웠다.

영화를 찍지 못하는 상황에서 쓸모없을지도 모를 콘티를 묵묵히 200매나 그려냈기에 코플라와 루커스의 마음을 움직일 수 있었고, 흥행 신기록을 세울 수 있었다. 구로사와 감독은 이렇게 말했다.

"아무리 힘든 일이 있어도 온 힘을 다해 한 발을 내디뎌라. 끈덕지게 버티며 더욱더 노력하라. 이제 다 틀렸다는 생각이 들더라도 씩씩하게 한 발을 내디뎌라. 그러다 보면 어떤 어려움도 헤쳐나갈 수 있다."

구로사와 아키라의 말은 내게 용기를 주어 다시 일어나게 해주었다. 좋은 명품 영화는 역시 모든 인생의 고난을 겪고 일어난 감독이 만들어 진한 감동과 울림을 준다.

# 03
# 인생을 바꾸는 글쓰기 취미

> 당신이 할 수 있다고 생각하면 할 수 있고,
> 할 수 없다고 생각하면 할 수 없다.
> _헨리 포드

교직에서 은퇴한 이디스 해밀턴은 63세가 되던 1930년 어느 날,《고대 그리스인의 생각과 힘》이라는 작품을 발표한다. 그때부터 그녀의 인생에는 화려한 2막이 펼쳐진다. 그녀는 이렇게 고백했다.

"우리의 과거는 그저 서막에 불과할 뿐이다."

평범한 사람에게 환갑이라는 나이는 인생의 뒤안길에 서서 여생을 정리할 시기다. 몸도 마음도 예전 같지 않고 새로운 일을 시작하기에는 의욕도 잘 생기지 않는다. 그래서 미래보다는 추억 속에 빠져 자신을 그 과거 속에 가두며 살아가는 것이 보통이다. 그러나 인생의 본막이 아직 시작되지 않았다고 외치며, 60세를 넘긴 나이에 자신이 살아온 과거는 그저 인생의 서막에 불과할 뿐이라고 외칠 수 있었던 용기가 정말 대단하다. 교장직에서 정년퇴임으로 물러난 직후부터 쓰기 시작했던 한 권의 책이 그녀의 인생을 바꿔 놓을 줄은 아마 그녀 자신도 몰랐을 것이다.

　어릴 적부터 지독한 독서광이었던 그녀는 내성적이며 부끄럼을 잘 타는 소녀였다. 이런 성격에 가장 큰 영향을 미친 것은 그녀의 아버지 몽고메리 해밀턴이었다. 집단적인 학교 교육보다 가정 교육을 중요시한 아버지는 그녀가 일곱 살이 되자 본격적으로 수업에 관여했다. 그리스어를 손수 가르친 아버지를 둔 덕분에 그녀는 일찍부터 지성의 세계에 한 걸음 가까이 다가갈 수 있었다. 그녀의 아버지는 돈 버는 능력보다 더 중요한 세계가 있음을 가르쳐주었다. 그것은 훗날 그녀 스스로 지성의 불꽃을 지필 수 있도록 도움을 주었다.

　덕분에 그녀는 라틴어와 그리스, 독일어, 프랑스어를 어린 나이에 공부할 수 있었고, 그리스 신화와 고전들을 어릴 때부터 탐독했다. 책 더미 속에서 파묻혀 지낸 유년기를 거쳐, 언니와 함께 독일로 유학을 떠나 라이프치히와 뮌헨대학에서 문학과 고전, 역사를 공부했다. 그녀는 미국에서 경험할 수 없었던 새로운 사상과 지적 자극을 받아들였다. 그리고 유럽의 학문적 분위기 속에서 고대 그리스의 철학과 문학을 본격적으로 접하기 시작했다. 특히 아이스킬로스 등의 그리스 비극 작가들의 작품들은 그녀가 살아가야 하는 이유를 발견하는 계기가 되었다. 그것은 고통 속에서 지혜를 얻어낸 고대 그리스 비극 작가들의 세계관과의 만남을 의미했다. 이것은 이후 평생 그녀의 삶을 지배하는 철학이 되었다.

학교 교장으로 40년을 지낸 그녀에게 시간은 흘러 어느덧 정년퇴직을 앞둔 나이가 되었다. 그녀는 기다렸다는 듯이 퇴직을 준비하면서 한 권의 책을 쓰기로 마음먹는다. 그녀는 오래전부터 그리스 신화를 해석하고 싶은 꿈이 있었다. 언제나 좋아하는 일에 열중했던 사람들의 땀과 눈물은 배신당하지 않는다. 그녀의 인생도 마찬가지다. 어릴 적부터 좋아했던 그리스 신화 속 세계를 정신적으로 여행하던 그녀에게 은퇴는 단지 하나의 통과의례였을 뿐이다. 그녀는 그리스 신화를 담담하게 자신의 색깔로 재창조하면서 쓰기 시작했다.

오래된 고전에서 왜 오늘을 사는 우리가 배워야 할 지혜가 숨어 있는지 찾아내려고 했다. 1930년대 산업화와 물질주의가 팽배해 가는 시대에 가치관을 잃고 방황하는 사람들에게 그녀는 인생의 의미를 일깨워주고 싶었다. 자신이 탐구한 고대 그리스의 비극을 통해서 그녀는 지혜를 얻었고, 이제는 그것을 돌려줄 때라고 생각한 것이다. 그래서 그녀는 은퇴 이후 인생 2막으로 다가온 삶에 겸손할 수 있었고, 더욱 진실한 마음으로 다가갈 수 있었다. 어릴 적부터 즐겨 읽었던 고대 그리스의 신화와 비극 작품들을 사람들이 알기 쉽게 이해할 수 있도록 정리하고 순수한 마음으로 쓴 책이 바로《고대 그리스인의 생각과 힘》이란 작품이다.


그런데 이 책이 그녀를 한순간에 유명한 작가의 반열에 오르게 했다. 그녀가 세상에 이름을 알리고, 유명해지기 시작한 것은 바로 이 한 권의 책에서 시작되었다. 이 한 권의 책이 그녀의 인생을 바꾸어

놓을 줄은 그녀 자신도 몰랐을 것이다. 이 작품이 세상에 나오자 사람들은 깜짝 놀랐다. 그녀의 상상력을 동원해서 쓴 고대 그리스인의 생각과 힘은 현대인에게도 살아가는 지혜와 생활의 방식을 일깨워주었다.

이디스 해밀턴이 쓴 책의 정수는 한마디로 "고난을 통해 지혜를 얻는다" 였다. 그녀는 63세의 나이에 책을 출간하면서 새로운 인생의 2막을 열어갔다. 이디스 해밀턴은 이 책의 출간으로 유명인사가 되었을 뿐만 아니라 백악관에 들어가 강의하는 단골 강사가 되었다. 그 후 그녀는 95세까지 살면서 자신이 쓴 책으로 그리스인의 지혜를 세상과 나누며 소통하는 행복한 인생을 살았다.

04
# 따뜻한 그림 한 점이 주는 감동

사람들은 늘 내게 늦었다고 말했어요.
하지만 사실 지금이야말로 가장 고민해야 할 시간이에요.
진정으로 무언가를 추구하는 사람에겐 바로 지금이 인생에서 가장 젊은 때입니다.
무언가를 시작하기에 딱 좋은 때죠.

_미국의 국민화가, 그랜마 모제스

78세에 처음 붓을 든 미국의 국민화가 그랜마 모제스는 평범한 삶의 행복을 그린 화가로 유명하다. 평범했던 그랜마 모제스는 어떻게 국민 화가가 되었을까? 100세 시대의 모델로서 그림을 그리면서 살다 간 모제스의 삶을 만나보자.

그랜마 모제스는 놀랍게도 78세부터 그림을 시작해서 101세 되던 해, 세상과 이별하기 전까지 붓을 놓지 않았다. 그랜마 모제스는 미국 뉴욕주의 작은 마을인 그리니치의 가난한 한 농가에서 태어났다. 가난한 형편에 형제가 10명이나 되다 보니 학교에 다니지 못했다. 그녀는 10대 때부터 이웃 농장에서 일하며 집안을 도왔다. 그러다 농부인 토머스 모제스와 결혼하면서 케임브리지로 갔다. 그녀는 시골 농장을 꾸려가는 평범한 시골 주부로 농사일을 하며 힘들게 생활했다. 하지만 농사만으로 살아가기에는 생활이 어려워 잼과 과자를 만들어 팔아야만 했다. 그랜마 모제스는 바쁜 가운데서도 틈틈이 뜨개질을 하고 수를 놓았다. 그녀의 삶은 한시도 여유가 없는 그야말로 일과의 전쟁이었다. 시간이 흘러 남편과 사별하고, 72세 때 관절염 때문에 바늘을 들지 못하자 바늘 대신 붓을 들었다. 그랜마 모제스는 형식에 구애받지 않고 그림을 그리기 시작했다.

그림이라고는 전혀 배운 적이 없지만 보는 대로, 생각하는 대로, 느끼는 대로 그림을 그렸다. 그런데 그녀의 그림에는 한 가지 특징이 있었다. 그림의 소재가 농촌이라는 것이다. 산과 들, 밭, 농장, 산 아랫마을, 농장의 사계, 추수하는 모습 등 사람들의 향수를 자극하는 그림이다. 그녀의 그림은 세련되지 못하고 소박하고 순수했지만, 그것이 오히려 그녀의 그림을 인정받게 했다. 그림 그리기에 빠진 그랜마 모제스는 너무도 행복했다. 그림을 그리는 동안은 모든 것을 잊고 그림에만 몰두했다. 그녀의 그림 실력은 이렇게 나날이 늘어만 갔다.

그러던 어느 날, 그녀의 운명을 바꾸는 결정적인 순간이 찾아왔다. 그랜마 모제스는 78세 때 케임브리지 전시회에 출품할 그림을 그리고 있었다. 그녀의 딸은 그림을 읍내 약국으로 가지고 갔고, 약사가 그림 몇 점을 약국에 걸어 두었다. 우연히 루이스 칼더가 조그만 구멍가게에 있는 그녀의 그림을 사 갔고 그림이 뉴욕의 전시관에 전시되면서 그녀는 일약 스타가 되었다. 그것이 계기가 되어 첫 번째 전시회가 열렸다. 전시회는 대성공이었다. 이때 그녀의 나이 79세였다. 그

후 그녀의 그림은 뉴욕 화랑가에서 유명해지며 1939년에는 뉴욕 현대박물관에 전시되었다. 그리고 그녀의 그림은 유럽에 진출하여 파리미술관과 러시아 푸시킨미술관 등에 전시되어 명성을 날렸다. 유럽, 일본 등 세계 각국에서 모제스의 그림 전시회가 열렸다. 1949년 트루먼 대통령은 '여성 프레스 클럽상'을 수여했고, 1960년 뉴욕 주지사는 그녀의 100번째 생일에 '모제스 할머니 날'을 선포했다.

국민화가가 된 모제스의 그림을 보면 그녀의 밝은 심성을 엿볼 수가 있다. 그녀가 이렇듯 미국 국민에게 칭송을 받는 이유는 미술 정규 교육도 받지 않은 그녀가 인생의 황혼기에 독학으로 그림 공부를 시작해 그 누구보다 열정적인 삶을 살았기 때문이다. 보통 사람이라면 일흔이 넘으면 손주의 재롱이나 보며 지내는 것이 보통이지만, 그랜마 모제스는 끊임없이 자신을 계발하며 삶의 위대성을 실천해보였다.

그랜마 모제스의 그림이 사람들의 마음을 사로잡은 것은 고향에 대한 향수를 불러일으키는 서정성에 있다. 서정성은 사람들의 마음을 움직이는 '감성의 촉'이다. 또한, 전원의 풍경은 사람들의 마음에 안정감을 불어넣어 주는 작용을 한다. 바로 이런 점이 그녀의 최대 장점이었다. 그랜마 모제스는 자신의 성공에 관해 묻는 사람들에게 이렇게 말했다.

"돌아보면 인생은 하루 일거리와 같은 것이지요. 이제 나는 그 일을 다 마쳤고 또 만족합니다. 인생은 우리 자신이 만들어가는 것입니다. 늘 그래 왔고 또 앞으로도 늘 그럴 것입니다."

그랜마 모제스의 말은 긍정 에너지와 창조 정신으로 가득 차 있다. 그녀의 말대로 그녀는 가난을 극복하고, 배우지 못한 아쉬움도 극복하고, 자신의 인생을 멋지게 장식한 '꿈의 인생' 의 주인공이 되었다.

그랜마 모제스가 자신의 인생을 획기적으로 변화시킬 수 있었던 것은 자신이 하고 싶은 일을 주저하지 않고 했기 때문이다. 그녀는 72세라는 적지 않은 나이에도 불구하고 자신이 좋아하는 그림에 열정을 쏟았다. 무슨 상을 타기 위해서도 아니고, 그림을 팔기 위해서도 아니었다. 그런데 '하늘은 스스로 돕는 자를 돕는다' 는 말처럼, 우연히 미술수집가의 눈에 띄어 상상도 할 수 없는 결과를 낳게 된 것이다.

사람의 일은 알 수가 없다. 언제 어떻게 변화할지 모르는 게 인생이다. 그런데 가만히 있는 자에게는 그 어떤 변화도 오지 않는다. 자신을 지금보다 다르게 살기 위해 노력하는 자에게 삶은 기쁨과 기적을 선물하곤 한다.

그랜마 모제스가 72세가 넘어 인생 최고의 순간을 맞이한 것처럼 아직도 내 인생의 최고의 순간은 오지 않았다고 생각하라. 길고 긴 인생의 질곡 속에서도 삶을 아름답게 채색하며 그림으로 인생을 이야기했던 모제스의 삶은 결국 미국의 국민화가라는 영예로운 칭호를 얻게 한다. 101세까지 살면서 100세 시대의 모델이 되어준 그녀가 말이 가슴 깊은 울림으로 다가온다.

"삶은 우리가 만들어가는 것이에요. 언제나 그랬고, 앞으로도 그럴 겁니다."

가수 이애란의 '백세 인생' 노래 중 이런 가사가 있다.
"칠십 세에 저세상에서 날 데리러 오거든 할 일이 아직 남아 못 간다고 전해라."
속절없이 흘러간 젊음과 청춘은 이미 지나간 과거다. 오늘이야말로 내 인생에서 가장 젊은 날이다. 가장 젊은 날을 사는 오늘, 꿈을 이루기 더없이 좋은 날이다.

# 05
# 스포츠는 인생의 축소판이다

나는 한국 축구가 월드컵에서 우승하는 것을 보고 싶다.

_ 차범근

흔히 여자들이 가장 듣기 싫어하는 이야기 중 3위는 군대 이야기, 2위는 축구 이야기라고 한다. 그렇다면 1위는 무엇일까? 바로 군대에서 축구 경기를 한 이야기다. 그런데 한 가지 의문이 든다. 여자들은 이렇게 축구를 싫어하는데 붉은 악마 응원단의 절반은 여자라는 사실이다. 무엇보다 사람들은 축구에 열광한다. 여기서 드는 또 하나의 의문은 축구 경기장을 찾아 직접 관람하는 팬은 사실 많지 않다는 것이다. 그런데 월드컵 응원을 하는 축구팬은 전 국민이라고 봐도 무방하다. 한국에 축구는 없고 응원만 있는 이러한 기이한 현상은 사실 축구가 주는 또 다른 매력이기도 하다.

축구는 손만 빼고 온몸을 다 쓸 수 있다. 몸싸움도 태클도 허용된다. 역습 한 방으로 승부가 결정이 나므로 절대적으로 강한 팀도 약한 팀도 없어서 경기를 해봐야 결과를 안다. 축구는 공을 손으로 잡으면 안 된다. 잡을 수 없는 발로 받은 공을 팀에게 다시 돌려주고 돌려받아야 하는 무소유 정신이 있다.

축구를 하지 않는 나라는 없다. 규칙은 같다. 공을 손으로 잡으면 안 되고, 골대에 발로 차 넣으면 이긴다. 혼자서는 할 수 없고, 팀끼리 어울려야 한다. 랭킹 1위인 선수가 있어도 질 수 있다. 그 누구도 공을 오래 소유할 수 없으며, 일등이든 꼴찌이든 모두 공을 따라다니면서 패스해야 한다. 축구가 매력 있는 이유는 평등한 기회를 가진다는 점이다. 단 한 번의 기회가 승리로 이어지며 운명을 결정한다. 그래서 축구는 인생의 축소판이라고 한다.

이디스 시트웰은 "나의 개인적 취미는 독서, 음악 감상, 침묵" 이라고 했는데, 나의 개인적 취미 중의 단연 으뜸은 축구다. 나는 축구 마니아다. 축구는 '인생 경기의 종합 예술' 이기 때문에 축구를 좋아한다. 축구 선수는 아니지만 축구하는 것을 좋아하고, 축구 경기를 응원하는 것도 좋아한다. 영국에서 살 때는 주말마다 래스터 지역의 팀들과 어울려서 축구를 했다. 히딩크 감독을 좋아해서 2002년 히딩크 열풍이 불 때는 히딩크 축구 교실에서 훈련을 받고 자격증을 취득했다. 축구단을 만들어서 몇 년간은 수도권의 잔디구장을 돌면서 경기를 했고, 매일 아침 조기 축구를 하기도 했다.

내가 제일 좋아하는 축구 선수는 차범근 선수, 내가 제일 좋아하는 감독은 히딩크 감독이다. 1974년 동대문 운동장에서 차범근 선수가 뛰는 것을 처음 보았다. 그리고 그가 독일에 진출해서 뛰는 모습을 늘 지켜보며 응원해왔다. 그 어렵던 시절 홀로 독일에서 98골을 넣으면서 질주하는 그의 모습이 얼마나 멋지던지! 헝가리에서 살 때 헝가리 사람들은 내게 차붐의 나라 한국에서 왔느냐고 물었다. 그때마다 나는 차범근 선수에 대한 자부심과 함께 내가 한국인이라는 사실이 벅차오르기도 했다.

차범근 선수가 "한국 축구가 월드컵에서 우승하는 것을 보고 싶다"라고 한 말이 이루어지는 날이 오기를 간절히 기다린다. 독일도 월드컵에서 우승하고 통일을 이루었으니, 한국 축구도 월드컵에서 우승도 하고 통일도 이루었으면 한다. 축구는 국력이고, 축구는 인생의 축소판이고, 축구는 인생 경기의 종합 예술이다.

최근 베트남에서 돌풍을 일으키는 박항서 감독의 매력에 매료되어 베트남 축구와 베트남에 관해서 관심이 생겼다. 박항서 감독의 신드롬은 이미 베트남을 넘어서 한국과 미국 등 전 세계에 축구공 하나로 영향을 미치고 있다. 미국과 북한의 2차 회담이 베트남 하노이에서 열린 것도 우연은 아닌 것 같다. 나는 박항서 열풍의 현장을 보고 싶어서 베트남에 미션과 코칭을 가려고 준비하고 있다.

박항서 감독이 국내에서는 갈 곳이 없어서 택한 베트남에서 그렇게 폭발적 영향력과 인기를 누리게 될 줄을 누가 알았겠는가? 박항서 감독이 부임한 이후 베트남 축구는 완전히 다시 태어났다. 그 비결이 뭘까? 베트남 선수들을 내 자식처럼 아끼는 박항서 감독의 아버지 리더십과 준비된 실력에서 나오는 힘이 아닐까 싶다. 베트남에서 인생 2막을 화려하게 열어가면서 한국인의 위상도 높여주고 있는 박항서 감독에게 큰 박수를 보내고 싶다. 그리고 앞으로도 그의 앞날을 응원하고자 한다.

인생 경기의 종합예술인 축구에 관한 짧은 단상을 쓰면서 우리 인생의 경기를 빗대어 생각해본다. 축구 경기가 전반전과 하프타임 그리고 후반전이 있듯이 내 인생 경기의 후반전은 행복할 수 있기를 소망한다. 10여 년의 인생 하프타임을 보낸 나는 최근에 다시 책을 출간하면서 인생 경기의 후반전을 시작하고 있다. 내 인생의 후반전은 멋진 명승부가 될 수 있기를, 복한 인생 경기가 될 수 있기를 소망한다.

| NO | 도서명 | 저자 | 출판사 | 연도 | 내용 |
|---|---|---|---|---|---|
| 주제 : SNS에서 함께 출간한 책 | | | | | |
| 1 | 한 걸음 더 | 박사무엘 외 10인 | 북셀프 | 2011 | 페이스북에 올렸던 글들을 친구들과 함께 출간 |
| 2 | 나는 매일 희망을 보며 행복하다 | 박사무엘 외 8인 | 북셀프 | 2012 | 인물을 쓴 페이스북에 올린 두 번째 공저 책 |
| 주제 : 선교사역 기획 출간 | | | | | |
| 3 | 아름다운 발걸음 | 박성배 외 10인 | 예영 | 2014 | _ 선교사들의 이야기를 모은 글<br>_첫 기획 출간도서, 3쇄 찍음, 국민일보 소개<br>_출판기념회와 OM선교 사들의 사역정리 기회 |
| 4 | 일어나다 | 박성배 | 행복 에너지 | 2015 | _ 고난을 쓴 첫 단행본<br>_ 출간 후 방송시작 |
| 5 | 책쓰기 미션 | 박성배 서상우 공저 | 청어 | 2016 | _ 책쓰기에 관해 쓴 첫 책<br>_ 출간 후 책 쓰기 강좌 시작 |
| 주제 : 방송사역 후 기획 출간 | | | | | |
| 6 | 통일을 앞당겨 주소서 | 박성배 외 14인 | 예영 | 2016 | _극동방송 '통일을 앞당겨 주소서' 방송 진행 후 15인 의 글을 모아 기획 출간<br>_통일 분야의 좋은 자료가 됨 |
| 주제 : 도서관 강좌 후 기획 출간 | | | | | |
| 7 | 다독다독 책 · 꿈 · 행복 | 박성배 외 9인 | 예영 | 2018 | _2017년 11월 광주 다독다독 도서관 초청 〈책 쓰기 미션〉 후 7인의 글을 모아 출간 |

| NO | 도서명 | 저자 | 출판사 | 연도 | 내용 |
|---|---|---|---|---|---|
| | | | | | _출판기념회와 독서신문,<br>국민일보, CGN TV 소개<br>_저자들이 극동방송에<br>출연, 개인저서 발행 준비 |
| 주제 : CBS 강좌 후 기획 출간 | | | | | |
| 8 | 책 짓기 건축술 | 박성배 외<br>9인 | 예영 | 2018 | _2018년 CBS 교수로<br>윤학렬 감독과 강의.<br>_수강생들과 함께 기획<br>출간<br>_단독 저서 집필 시작의<br>계기가 됨 |
| 주제 : 단행본 코칭 도서 | | | | | |
| 9 | 나를 넘어<br>꿈을 넘어 | 권선희 | 블루<br>웨이브 | 2016 | _보험의 여왕 권선희의<br>14년 영업 노하우 정리.<br>_책을 만드는 모든 과정과<br>코칭의 시작 |
| 주제 : 은퇴를 앞둔 목회자 코칭 도서 | | | | | |
| 10 | 최고의 순간은<br>지금부터다 | 황해영 | UCN | 2017 | _은퇴를 앞둔 목회자의<br>인생 2막 설계를 위한<br>가이드 북으로 호평을 받음 |
| 주제 : 선교사역 이후의 인생 2막 설계 | | | | | |
| 11 | 오래된 소원 | 강석진 | 홍성사 | 2015 | _중국 단동에서 선교하던<br>강석진 선교사가 현장에<br>서 만난 인물의 이야기를<br>소설화한 책<br>_강석진 선교사의 선교<br>이후 제2의 인생 시작 |
| 주제 : 사업가에게 새로운 기회를 제공한 책 | | | | | |
| 12 | 베개혁명 | 황병일 | 더로드 | 2017 | _자신이 세운 회사에<br>책 출간과 함께 복귀 |

| NO | 도서명 | 저자 | 출판사 | 연도 | 내용 |
|----|--------|------|--------|------|------|
| 주제 : 특별한 사역을 책으로 기획 출간 | | | | | |
| 13 | 도둑맞은 헌금 | 이병선 | 행복<br>에너지 | 2017 | _헌금에 관한 특별한<br>주제로 많은 공감을 얻음 |
| 주제 : 인생 상담을 책으로 기획 출간 | | | | | |
| 14 | 길을 묻는<br>인생에게 | 김희숙 | 행복<br>에너지 | 2018 | _길을 묻는 인생들에게<br>상담한 경험을 출간 |
| 15 | 디아코니아<br>신학선언 | 장승익 | 예영<br>커뮤니<br>케이션 | 2018 | _디아코니아에 대한 명작<br>가이드북 |
| 16 | 희망레슨 | 이필경<br>최성자 | 비전<br>북<br>하우스 | 2018 | _교회 개척자들에게 희망 |
| 17 | 양탕국 커피가<br>온다 | 홍경일<br>정문경 | 비전<br>북<br>하우스 | 2018 | _대한민국 최초의 커피의<br>책 |
| 18 | 우와~당신<br>멋져 | 정희락 | 비전<br>북<br>하우스 | 2018 | _행복한 인생2막의 비결<br>제시 |
| 19 | 다시 제자가<br>온다 | 이강일 | 행복<br>에너지 | 2019 | _20년 제자 사역 체험의 총<br>정리 |
| 20 | 하이 파이브<br>부부행복 | 김진수 | 행복<br>에너지 | 2019 | _부부행복의 비결 제시 |

이렇듯 여러 번의 기획 출간과 코칭을 경험하면서 더욱더 한 권의 책을 출간한다는 것의 소중함을 배우게 되었다. 책을 한 권씩 출간하면서 인생은 한 단계씩 업그레이드되어 감을 배운다.

## 2. 책 짓기 미션 코칭 프로그램.

[책 짓기 미션 코칭 프로그램 8단계]는 국내에서는 처음으로 기존의 12단계를 8단계로 정리한 박성배 박사만의 고유한 프로그램이다. [책 짓기 미션 코칭 프로그램]은 "한 권의 책을 짓는 것은 인생을 건축하는 최고의 방법이다" 라는 표어로 국내외에서 진행한다. 기본적으로 그 과정은 8단계 과정이다. 그리고 국내 · 외의 여러 상황에 맞게 조정하여 운영하고 있다.

### 박성배 작가의 국내 · 외 책 짓기 미션 코칭 프로그램

한 권의 책을 짓는 것은 인생을 건축하는 최고의 방법이다
문의 **박성배**, samuel-pk@hanmail.net, **010-5354-8932**

| | 단 계 | 구 성 |
|---|---|---|
| **구상하기**<br>한 권의 책을 꿈꾸며 | 1단계 공정 | **스토리텔링**<br>: 내 인생의 스토리를 담은 책 구상 |
| | 2단계 공정 | **콘셉트 잡기**<br>: 내 인생을 대표하는 키워드 정리 |
| **설계도 짜기**<br>내용과 감동이 포함된<br>설계도 작성 | 3단계 공정 | **목차 초안**<br>: 독서 내공을 통한 좋은 목차 초안 만들기 |
| | 4단계 공정 | **목차 확정**<br>: 튼실하게 짜인 콘텐츠가 있는 목차로 확정 |
| **시공하기**<br>신뢰와 책임으로<br>시공하기 | 5단계 공정 | **저자 프로필과 프롤로그**<br>: 감동이 담긴 프로필과 프롤로그 쓰기 |
| | 6단계 공정 | **공정한 꼭지 쓰기**<br>: 책 전체의 방향을 설정하는 한 꼭지 쓰기 |
| **완공과 입주**<br>집중하여 완공하고<br>입주하기 | 7단계 공정 | **초고 완성**<br>: 집중도 높은 초고 완성을 위한 혼신의 정성 |
| | 8단계 공정 | **공정책 출간**<br>: 내 인생의 브랜딩 완성하기 |

# 6장

# 인생은 사랑이 있는
# 단 한 번의 여행이다

＊

진정한 여행이란, 새로운 풍경을 보는 것이 아니라
새로운 눈을 가지는 데 있다.

_ 마르셀 푸르스트

# 01
## 꼭 떠나야 하는 이유

여행은 모든 세대를 통틀어 가장 잘 알려진 예방약이자 치료제이며 동시에 회복제다.

_대니얼 드레이크

나는 오래전부터 여행에 관한 글을 쓰고 싶었다. 2014년에 영국과 헝가리에서 살았던 이야기를 쓴 《아름다운 발걸음》을 출간하기도 했다. 여행하며 겪은 에피소드를 글로 쓴다는 것에 대해서 보람을 느꼈고 사명감도 느꼈다.

이 책은 행복한 인생의 후반전을 위한 7단계 과정이다. 일, 돈, 사랑, 우정, 취미, 여행, 믿음이라는 키워드가 순서대로 이루어진다. 아무리 여행을 다니고 싶어도 재정적인 여유가 없으면 힘들다. 그리고 또 사랑하는 사람 없이 혼자 여행하는 것이 무슨 재미가 있겠는가? 물론 자신을 성찰하고 돌아보기 위해서 홀로 여행하는 시간도 필요하다. 그러나 인생의 진정한 행복 중의 하나는 내가 하는 일을 통해서 경제적인 문제가 해결되고, 사랑하는 사람과 함께 멋진 곳에 함께 여행하면서 여유 있게 인생의 의미를 향유하는 것이 아니겠는가? 그러한 의미에서 나는 이 책을 쓰는 시점부터 시작해서 인생의 후반전은 사랑하는 사람과 함께 여유롭게 국내외를 여행하면서 사는 것을 추천한다. 그리고 그 여행을 글로 기록하면 더 좋다.

여행전문가 이상호는 《여행 레시피》에서 여행을 꼭 떠나야 하는 10가지 이유를 다음과 같이 말하고 있다.

1. 여행은 자기의 유능함을 보여주는 기회다. 본인 부재 시에도 완벽한 업무가 가능하게 해놓는다면, 능력자로 인정받을 수 있다.
2. 여행을 안 간 것은 열심히 일했다는 증명이 아니며, 아무도 알아주지 않는다.
3. 멋진 여행을 다녀온 직원이 일을 열심히 한다면 동료에게 동기 부여가 된다.
4. 여행을 다녀온 팀은 더욱 생산적으로 일한다.
5. 본인이 전문가라면 여행으로 인한 부재중에 전문가의 일을 대신할 동료들의 실력은 나아진다.
6. 여행은 사람을 생산적으로 만든다.
7. 당신은 여행을 떠나기 위해 우선순위의 일을 정하고 해결할 것이다.
8. 여행은 자신의 자리를 메워주는 다른 팀원을 빛나게 할 수 있다.
9. 여행을 떠나는 것과 같이 삶을 즐기는 사람들은 에너지가 넘치므로, 최종적으로 기업은 이익을 얻는다.
10. 당신이 인정하건 안 하건 당신에게는 여행이 필요하다.

카뮈는 "여행은 무엇보다도 위대하고 엄격한 학문과 같은 것이다"

라고 했다. 여행은 인생이라는 학교에서 많은 것을 배우게 하는 살아 있는 학문과 같다. 나는 비교적 많은 여행을 하면서 살아온 셈이다. 30대에는 유럽 대부분의 나라를 다녀왔다. 내 생에 가장 잊을 수 없었던 여행은 영국의 스코틀랜드 컴브리아 지역으로의 여행이었다. 벌써 오래전의 여행이었지만, 살아가면서 가끔씩 생각나는 것을 보면 그때의 여행이 내 마음 깊은 곳에 각인된 것 같다.

영국에 살면서 외국인 친구들과 때로는 평화롭게 때로는 전투적으로 살면서 많은 것을 겪었다. 그러던 중 우리 팀은 단체로 영국의 북쪽에 있는 아름다운 컴브리아 지역으로 며칠 휴가를 떠났다. 한국에서도 입시와 경쟁 등으로 전투적 인생을 살던 나는 영국 레스터에서도 외국인 팀원들과 전쟁처럼 치열한 시간을 보내고 있었다. 그러던 중 스코틀랜드 컴브리아로의 휴가는 내게 일평생 잊을 수 없는 힐링을 체험하는 시간이었다.

영국의 중부 레스터에서 출발하여 스코틀랜드를 향해 가는 길에서 나는 무심코 창밖을 내다보고 있었다. 지난 시간을 돌아보면서 창밖을 내다보던 내 눈에서는 어느덧 눈물이 흘렀다. 달리는 차 밖으로 비친 경치는 내가 한국에 살면서 한 번도 경험하지 못했던 평화로운 풍경이었기 때문이다.

레스터에서 스코틀랜드의 컴브리아 인근까지 갔을 때, 언덕에는 양들이 평화롭게 풀을 뜯어 먹고 있고, 호숫가의 정경은 그야말로 평온함, 평화로움 그 자체였다. 그렇게 평화로운 경치는 난생처음 보았다.

치열하게 살아오던 내 인생을 돌아보면서 나도 모르게 눈물이 흐르며 힐링이 되고 치유되는 순간이었다. 여행을 통해 아름다운 자연이 주는 치유와 위로를 직접 체험할 수 있는 소중한 경험이었다.

영국 북부의 컴브리아는 안개가 자욱하게 끼는 가운데 아름다운 호수가 있고, 산자락에는 양들이 평화롭게 풀을 뜯고 있었다. 그곳에서 며칠 지내면서 〈무지개〉의 시인으로 유명한 윌리엄 워즈워스의 생가를 방문했다. 워즈워스 생가에는 시인이 쓰던 책상과 노트와 펜 등이 전시되어 있었다. 무엇보다도 그렇게 아름답고 낭만적인 〈무지개〉와 같은 시를 쓸 수 있었던 것은 아름다운 자연환경이 준 선물 같았다.

남북이 분단되어 총부리를 겨누고 간첩이 수시로 넘어와 총격전이 벌어지는 민통선 동네에서 자란 나로서는 처음으로 맛보는 평화롭고 아름다운 경치였다.

앞으로 남북이 하나로 통일되어서 세계 여러 나라 사람들이 여행 와서 평화롭고 아름다운 한반도의 경관을 보고 힐링이 되는 날이 속히 오기를 꿈꾸어본다. 그리고 다시 여유가 생기면 사랑하는 사람과 함께 스코틀랜드 컴브리아로 여행을 떠나고 싶다. 여행은 인생 여정에 쉼표를 준다. 여행하며 아름다운 감동을 받은 사람들은 시인 워즈워스처럼 시로 써서 남기고 싶은 마음이 들 것이다.

# 02
# 책숲 여행으로 거장을 만나라

진정한 여행은 새로운 풍경을 보는 것이 아니라 새로운 눈을 가지는 데 있다.

_마르셀 프루스트

《위대한 멈춤》을 보면, 바깥으로 나서는 여행은 여행에 관한 절반의 이야기일 뿐이다. 여행의 본질은 밖에서 시작해서 안으로 깊숙이 들어가는 탐사에 있다. 인생 여행자는 자신을 찾기 위해, 나아가서 숨겨진 자신과 만나기 위해서 여행한다. 여행을 통해서 만나는 저 낯선 공간에서 사람과 사물, 그리고 우연히 벌어지는 사건에 자신을 비추어 새롭게 발견하는 것이다. 인생 여정의 여행은 '새로운 나로 나를 가득 채우는 과정'이다.

나도 13년의 긴 시간 동안 삶이 정지해 있었다. 그 멈춤의 13년간 책숲에서 사람들을 만났고 그 만남을 통해 이전과는 전혀 다른 삶을 사는 인생 여행자로 다시 태어났다. 이 글을 마무리하는 도서관에는 수많은 책이 있다. 지난 시간 동안, 이 책숲에서 작가 한 사람 한 사람을 만났고, 그들과의 만남 여행을 통해 이전과는 다른 세상이 보이고 그 세상을 향해 점차 나아갈 수 있었다.

　도서관과 내 개인서재의 책숲에서 위대한 거장들을 만날 수 있었는데, 앤서니 로빈스의 《네 안에 잠든 거인을 깨워라》를 읽으면서 내 안의 잠들어 있던 나를 깨우기 시작했다. 공병호 박사의 자기계발에 관한 수많은 책들, 이지성 작가의 《리딩으로 리드하라》, 《꿈꾸는 다락방》, 《18시간 몰입의 법칙》 등을 읽으면서 글 쓰는 행복을 배우기 시작했다.

　다산 정약용의 책을 읽으며 고단했던 인생이지만 그 시간을 가치 있게 보낸 그의 인생과 나의 인생을 동일시하며 그를 깊이 만나기도 했다. 다산이 18년간 유배가 있으면서도 독서와 글쓰기를 멈추지 않았던 강진의 다산초당을 지인과 함께 가서 보면서 많은 감동을 받았었다.


　또한, 경영과 사업의 대가들도 책숲에서 새로이 만났다. 마윈, 손정의, 마쓰시타 고노스케, 스티브 잡스의 책들을 읽으면서 그들의 인생 속으로 여행을 떠났다. 책숲 속으로의 여행을 하면서 발견한 한 가지 공통점이 있었다. 그것은 어느 분야든지 거장에 이른 사람들은 그 높이만큼의 깊은 고난의 골짜기를 통과해서 정상의 자리까지 갔다는 점이다. 베토벤, 손정의, 마쓰시타 고노스케, 에이브러햄 링컨, 오프라 윈프리, 빌 게이츠, 워런 버핏 등 모든 자기 분야에서 거장이 된 사람들은 모두 고난이라는 학교를 졸업한 사람들이다.

책숲 여행 10여 년간 도서관과 서재에서 만났던 사람들을 방송 프로그램에서 진행하면서 직접 만나 인터뷰하는 기회가 있었는데, 덕분에 더 많은 배움의 여행을 할 수 있었다. 책숲에서 거장들을 만났고, 거장의 숲으로 걸어가면서 내 인생의 크기도 대나무처럼 쑥쑥 자라기 시작했다. 거장은 어떠한 삶 속에 놓이더라도 간절한 빛을 발견해내어 그 빛을 향해 나아간다.

책숲에서 만날 수 있는 거장의 삶을 보라. 한 연약한 인간이 고난을 슬기롭게 극복하고 점차 성장하며 꿈을 발견하는 모습이 아름답지 않은가? 어쩌면 위로가 필요한 사람에게, 어쩌면 꿈을 찾고픈 사람에게, 어쩌면 삶에 지친 사람에게 책숲 거장들은 희망을 품으라고, 함께 인생 여행길을 담대하게 나가 삶을 성취하자고 말한다. 거장의 인생길을 따라 책 숲으로 여행길을 떠나보라. 책을 펼치기 전과 후의 나는 분명 달라져 있을 것이니.

## 03
# 인생 여행으로 삶의 신비에 눈 떠라

> 여행은 우리의 편견과 좁은 생각을 바꿔준다.
> 일생 지구의 아주 작은 곳에 머무는 사람은
> 인간과 사물에 대해 크고, 너그러운 시각을 가질 수 없다.
>
> _마크 트웨인

여행하다 보면 삶의 신비에 눈을 뜨게 된다. 오쇼 라즈니쉬는 여행의 3가지 유익에 대해서 다음과 같이 말했다.

"첫째는 세상에 대한 지식이고,

둘째는 집에 대한 애정이며,

셋째는 그대 자신에 대한 발견이다."

스페인의 오프라 윈프리라 불리는 엘사 푼셋도 《인생은 단 한 번의 여행이다》에서 말한다.

"이제 즐거운 마음으로 삶이라는 피할 수 없는, 그러나 마법 같은 여행을 떠나보라."

《즐겁지 않으면 인생이 아니다》를 출간한 린과 팀 마틴 부부는 린이 70세가 되던 해인 2010년, 집을 팔고 살림살이 중 필요한 것들만 남기고 정리한 뒤에 세계 여행을 하면서 남은 인생을 보내기로 결정했다. 부부는 멕시코, 아르헨티나, 터키, 프랑스, 이탈리아, 영국, 아일랜드, 모로코, 포르투갈, 독일에서 살며 자유로운 삶의 즐거움을 만끽하고 있다. 린의 블로그에는 이런 두 사람의 특별한 여행기가 꼼꼼하게 기록되어 있다.

이들의 이야기는 〈월스트리트저널〉의 넥스트 섹션의 표지 기사로 실렸으며, 그달의 기사 중에 가장 많은 댓글이 달리며 큰 화젯거리가 되었다. 이들의 특별한 여행기는 야후닷컴의 첫 페이지를 장식했고 〈인터내셔널리빙〉, 〈허핑턴포스트〉 등에도 게재되어 즐거운 노년 생활을 꿈꾸는 많은 사람의 호응을 얻었다. 린과 팀 마틴 부부에게는 정해진 주소가 없다. 가능하면 30년 후까지도 세계 곳곳에서 사는 즐거운 일상을 멈추지 않을 생각이다. 이 얼마나 멋진 삶인가?

린과 마틴 부부의 삶처럼 나의 삶도 한 편의 영화와 같은 여행이었다. 16세에 서울에서 자취 생활을 하면서 인생이라는 여행이 본격적으로 시작되었다. 인생은 하나의 여행지와 같고 학교와 같다. 인생이라는 여행에서 많은 사람을 만났고 많은 곳을 다녔고, 무엇보다도 삶의 신비에 눈 뜨게 되었다. 민통선 마을에서 태어난 나는 16세부터 낯선 서울에서 타인처럼 존재하면서 생존하고자 몸부림을 쳤다. 낯선 도시에서 새 친구들과 선생님들을 만났다. 16세의 인생 도전자는 김포와 서울 아현동을 오가면서 김포공항에서 오르내리는 비행기를 처음으로 보았다. 그리고 나도 언젠가 저 비행기를 타고 넓은 세계로 날아가고 싶다는 동경과 꿈을 품게 되었다.

그렇게 동경하던 미지의 세계로 떠나는 꿈은 1989년 5월에 이루어졌다. 생애 처음으로 꿈에도 그리던 김포공항에서 비행기를 타고 필리핀으로 갔다. 필리핀에서 3개월을 지내면서 낯선 필리핀 사람들을 만나 필리핀 음식을 접하고 필리핀의 바닷가에서 추억을 찍었다. 한국이라는 우물에서 나와 이 세상의 다양한 사람들이 다양한 모습으로 살아가는 모습을 보며 점차 눈이 뜨이기 시작했다.

필리핀에서 3개월을 보낸 후에 현대화된 싱가포르에서 한 달간 지냈다. 도시가 참으로 깨끗하고 현대화되어 있어서 우리나라도 이렇게 깨끗한 나라가 되었으면 하고 바랐다. 싱가포르를 이렇게 잘 사는 나라로 만드는 데 기초를 놓은 이광요 수상에 관해서도 관심을 생겨 찾아보고 사람 보는 안목에 눈을 떠가기 시작했다. 다시 독일로 떠나 7,000명이 모이는 모임에 참가했는데, 내 생각과 관점이 완전히 바뀌는 체험을 하게 되었다.

전 세계 수많은 사람 속에서 일주일을 함께 생활했는데, 세상은 넓고 참으로 다양한 사람이 존재한다는 사실을 깨달았다. 하나의 사건에 대해서도 자라온 환경이 달라서인지 그에 대한 다양한 사고방식과 문화 방식에 대해서 마음의 눈을 뜨게 되었다. 그리고 나와 달라도 그들을 이해하고 수용하는 마음을 지니게 되었다.

인생 여행에서 점점 더 신비로운 삶에 눈을 떠가기 시작했다. 네덜란드 디브론에서 2주일을 머물렀는데, 마을을 산책하면서 네덜란드 사람들의 삶의 의지와 개척정신을 엿볼 수 있었다. 네덜란드에 풍차가 갖는 의미에 대해서도 알게 되었다. 네덜란드는 낮은 땅이라는 의미로 해수면보다 땅이 낮아 물을 퍼내기 위해 풍차를 이용해야 한다. 자연의 조건과 특성을 살려 삶을 일군 그들의 개척정신이 일상 곳곳에 스며들어 있었다.

영국에 처음 가서 놀란 것은 전통 깊은 역사와 현대가 현존하는 조화로움이었다. 영국 남부에 있는 브리스톨에서는 역사 깊은 그들의 삶과 문화의 뿌리인 기독교 역사와 만났고, 그 현장을 보면서 기독교 역사에 눈을 뜨게 되었다. 책으로만 접했던 역사 인물들이 실제로 살아 숨쉬던 그 땅에서 만나니 감회가 새로웠다. 그러고 나서 스코틀랜드의 컴브리아에 가서는 신의 창작품인 위대한 자연의 신비와 만났다. 인간은 도저히 상상도 할 수 없고, 만들 수도 없을 것 같은 신비롭고 아름다운 자연의 신비에 눈을 뜬 여행이었다.

스위스 알프스 산기슭에서 유럽의 지붕이라 불리는 융프라우를 바라보면서 감탄을 금치 못했다. 태고의 신비를 그대로 간직하고 있는 융프라우는 이름에 걸맞게 만년설에 뒤덮여 아름다운 설경이 그야말로 장관이었다. 여름에도 녹지 않는 만년설이 인상적인 데다가 마치 그림엽서에서 본 듯한 눈 덮인 알프스 산맥과 그림 같은 호수, 깨끗한 공기, 맑은 하늘이 주는 감동 속에서 영감을 받고 우리나라의 미래에 관한 책인 《한국이 온다》를 쓰기도 했다.

그때 나는 삶의 신비에 눈을 뜨게 되었다. 한국이라는 작은 분단국가에서 살던 나는 필리핀, 싱가포르, 독일, 영국, 스위스, 이탈리아, 헝가리, 체코 등 동유럽의 나라에 가서 그들의 삶과 붕괴의 과정도 눈으로 직접 보았다. 여행하면서 내가 점점 변하고 있는 것이 느껴졌다. 편협한 우물 안 개구리 같았던 분단국가의 한 시민에서 세계 시민으로 다시 태어났고, 세계의 모든 사람과 문화를 존중하고 수용하는 마음을 갖게 되었다.

무엇보다도 중요한 것은 나의 관점과 생각이 바뀌었다라는 것이다. 마크 트웨인의 말처럼, 인생 여행은 나의 편견과 좁은 생각을 바꾸어 주었다. 지구별이라는 곳에 사는 여행자로서의 나도 너무나 소중한 존재라는 점을 깨달았다. 인생 여행을 통해서 진정한 발견은 마르셀 프루스트의 다음과 같은 말이 결론이 될 것이다.

"전정한 발견의 여행은, 새로운 것을 보는 것이 아니라 새로운 눈으로 보는 것이다."

## 04
# 여행은 사랑하는 사람과 함께 해야 한다

자세히 보아야 예쁘다.
오래 보아야 사랑스럽다.
너도 그렇다.
_나태주 〈풀꽃〉

사랑하는 사람과 함께 여행하고 책을 쓴 김현, 조동현 부부의 《여보, 우리도 배낭여행 떠나요》는 1995년에 출간된 책인데, 저자 부부의 프로필만 읽어보아도 당장 사랑하는 사람과 함께 여행을 떠나고 싶은 마음이 들게 한다. 이 책을 1995년도에 구입했으니 벌써 20년도 넘은 셈이다. 이 책의 제목처럼, 사랑하는 사람과 함께 단둘이 여행을 떠나고자 하는 꿈을 가지고 있다. 이 책의 프로필이 멋져서 소개한다.

"결혼한 지 올해로 27년째가 되는 이들 부부는 금실이 좋다느니 잉꼬부부니 하는 수식어가 오히려 무색할 정도로 서로에 대한 이해와 애정이 깊다. 남편은 방송인으로 아내는 교사로 외길 인생을 걸어온 이들은 마치 떠나기 위해 만난 부부처럼 틈만 나면 함께 여행을 떠난다. 지금까지 21번의 동반 여행을 다녀왔으니 그야말로 부부 여행의 선구자인 셈이다. 여행을 통해 늘 연애하는 기분으로 산다는 이들에게서 서로 존중하고 아끼는 부부만이 가질 수 있는 어떤 편안함과 기쁨 같은 것을 엿보게 된다."

이들 부부가 다녀와서 발간한 책의 제목만 봐도 부부 배낭여행을 떠나고 싶다. 침침한 모스크바, 우울한 러시아, 러시아의 자랑 상트페테르부르크, 사우나의 나라 핀란드, 사회복지의 천국 스웨덴, 더 머물고 싶은 노르웨이, 동화의 나라 덴마크, 신사의 나라 영국, 예술 작품 같은 프랑스, 고풍스러운 벨기에, 풍차의 나라 네덜란드, 독일에서 확인한 부부 사랑 등 내용을 보면 단순한 여행기가 아니라 인생 여정의 지침서 같다. 이들 부부는 10일 여행을 위해서 100일을 준비했다고 한다. 부부 여행의 참맛을 느낄 수 있는 책이다.

나도 사랑하는 사람과 함께 가고 싶은 국내외 여행지가 있다.
우선 국내의 여행지로는 대구, 강릉, 제주, 부산 등을 가고 싶다. 사랑하는 사람과 함께 국내의 유명 미술관과 문학관을 탐방해보고 싶다. 아무 일정 없이 제주도에서 편안히 사랑하는 사람과 휴식 같은 시간을 보내고 싶다. 국내 여행지이므로 천천히 승용차로 운전을 즐기면서 한 곳 한 곳을 천천히 보고 싶다.
"여행은 그 자체가 하나의 학문"이라고 말했던 카뮈의 말처럼, 사랑하는 사람과 함께하는 자체가 최고의 인생 학습이 아니겠는가? 사랑하는 사람과 함께 국내의 구석구석을 여행하는 멋진 계획을 세워보라! 여행은 계획을 세우면서 한 번 하고, 실제 여행하면서 한 번

하고, 다녀와서 사진과 에피소드를 정리하면서 한 번 더 하는 재미가 있다.

사랑하는 사람과 제일 가고 싶은 해외 여행지는 영국의 북쪽 스코틀랜드의 아름다운 호수가 있는 컴브리아 지역이다. 30대 초반에 갔던 무지개의 시인 윌리엄 워즈워스의 고향 컴브리아 레이크스 호숫가를 사랑하는 사람과 함께 다시 가고 싶다.

이제는 나태주 시인의 〈풀꽃〉이라는 시처럼, 너무 바쁘게 서두르는 여행이 아니라 그림처럼 아름다운 자연과 사랑하는 사람을 자세히 보고 알 수 있는 여행으로 하고 싶다. 너무 바쁘면 자세히 보지 못한다. 천천히 하는 슬로 여행이지만 사랑하는 사람을 깊이 알아가는 사랑의 여행이었으면 한다.

일본의 온천, 중국의 상하이와 베이징, 그리고 홍콩, 싱가포르, 베트남의 하노이, 다낭, 호찌민도 가고 싶다. 박항서 감독의 영향력으로 한류 바람이 불고 있는 베트남을 거쳐서 이웃 나라들인 라오스, 캄보디아, 말레이시아도 한번 가보고 싶다. 큰 섬나라 인도네시아에서 오랜 지인들도 만나고 유럽으로 넘어가 스위스, 이탈리아, 덴마크, 네덜란드에 가고 싶다. 내 젊은 날부터의 멘토인 그룬트비 목사의 나라 덴마크의 휘게 라이프를 경험하러 꼭 가고 싶다.

북미의 캐나다, 미국, 멕시코, 쿠바, 브라질, 칠레, 아르헨티나 등 북미 나라들도 한 번은 꼭 가보고 싶다. 그렇게 하면 김현, 조동현 부부처럼 20개국 이상을 다녀보는 여행이 되려나 모르겠다. 인생 여정의 후반전에는 사실 많은 나라가 중요한 것이 아니다. 사랑하는 사람의 손을 꼭 잡고 사랑이 있는 여행으로 지구별에서의 날들을 채워가고 싶은 것이다.

"사랑하는 것은 천국을 살짝 엿보는 것이다"라고 말한 카렌 선드의 말대로 말이다. 그리고 그 여행 후에 김현, 조동현 부부처럼 한 권의 여행기를 남길 수 있다면 더 멋진 인생 여행이 되지 않을까 싶다.

# 05
# 글쓰기로 여행을 다시 만나라

여행 작가를 꿈꾼다면 먼저 책부터 써라.
여행도 하고 돈도 벌어라.
여행 작가는 평생 현역이다.

_여행 작가 문윤정

나는 2014년에 여행했던 이야기를 글로 써서 책으로 출간했다. 《아름다운 발걸음》이라는 제목으로 출간된 책은 내가 기획하고 동료 10명의 글을 모아 출간한 여행기였다. 정확히 말하자면 미션 리포트 같은 형식의 글이었다. 30대 초반에 필리핀, 싱가포르, 독일, 네덜란드, 영국, 스위스, 이탈리아, 체코, 루마니아, 헝가리, 우크라이나 등 많은 나라를 경험했다.

오래전부터 그때의 일들을 책으로 써서 출간하고 싶었다. 그래서 책을 기획하고 추진했다. 많은 우여곡절 끝에 출간된 책은 반응이 좋아서 3쇄를 찍었고, 국민일보에도 소개가 되었다. 덕분에 나는 여러 곳을 다니면서 강의하기 시작했다. 여행을 기록한 책을 출간하는 것이 얼마나 삶에 유익을 주는지를 실제로 체험했다.

지금 이 글을 쓰면서 베트남 미션을 구상하고 있다. 2019년 5월에 방문하게 될 베트남에 가면 그들의 인생 여정을 책으로 쓰는 것을 권해 보려고 한다. 물론 나도 베트남에 관한 책을 한번 써보려고 생각하고 있다. 요즘 박항서 감독의 축구 이야기로 베트남과 한국 전체가 들썩이고 있는데, 이러한 이야기들을 전작인《한국이 온다》와 연관해서 쓸 계획이다.

카뮈가 말한 대로 "여행은 엄격한 학문과 같은 것"이며, "낯선 곳에서 타인들과 그들의 모습을 비춰보면서 자신을 만나는 일"이기도 하다. 여행은 내 삶을 바꾸는 혁명이다. 여행은 내 생각과 관점을 바꾸어주는 위대한 스승이다. 여행지에서 먹는 음식, 만나는 사람들, 유적지, 시장 구경 등 보고 듣고 느끼고 경험하는 것은 모두 인생 공부가 된다. 그러한 여행지에서의 체험을 한 권의 책으로 기록하여 출간한다면 그보다 더 귀한 일은 없을 것이다. 자신의 여행 경험을 책으로 내는 것은 자신의 여행에 의미를 부여하고 여행 작가의 꿈을 실현하는 전환점이 된다.

여행기를 책으로 출간하면서 인생을 바꾼 사람들이 많다. 여행 가이드북《론리 플래닛》시리즈를 탄생시킨 영국의 토니 휠러와 모린 휠러 부부 또한 책 한 권에서 출발하여 거대한 기업을 일구었다.《지구 밖으로 행진하라》로 유명한 바람의 딸 한비야나《스페인 너는 자유다》를 쓴 손미나 아나운서도 자신의 여행을 책으로 써서 유명해진 사람들이다. 나는 이미 전작인《인생건축술》에서 "한 권의 책을 짓는 것은 인생을 건축하는 최고의 방법이다"라고 말했다. 책 출간과 함께 많은 분들을 코칭하고 있다. 그들의 책이 2019년 상반기에 출간될 것이다. 이제 그 원리를 그대로 해외에 적용하여 전 세계를 다니면서 책 짓기 코칭과 함께 그들의 인생 여행을 책으로 출간하는 일에 함께하려고 한다.

명말 청초 위기의 시대를 대표하는 학자로 청나라 학풍에 지대한 영향을 미친 사상가 고염무의 말대로 "만 권의 책을 읽고 만 리 길을 다니는 일"을 시작하고자 한다. 인천 공항신도시에서 공항 가까이 살면서 나는 늘 꿈을 꾸었다. '전 세계를 다니면서 강의하는 꿈'을 말이다. 2007년 건물을 세우고 바로 세계로 나가고자 했던 나의 꿈은 이자와 빚으로 좌초하여 13년간이나 책숲에서 내공을 쌓고, 처절한 생존 글쓰기로 10년간 10권의 책을 쓰는 훈련과 준비의 기간을 갖게 만들었다.

이번에 베트남에 강의 가는 일을 시작으로 이제는 전 세계를 다니면서 책 짓기 코칭을 하고 그 나라와 사람들에 관해 책으로 써서 출간하고자 한다. 책숲에서 내공을 쌓고, 글을 썼던 그 10년의 세월이 이제는 점점 더 큰 꿈으로 자라나고 있다.

## 덴마크의 행복 라이프, 휘게 라이프처럼

덴마크에 가서 포차를 운영하면서 한국의 문화를 전하는 프로그램이 방영되었다. 영화배우 박중훈, 2002년 월드컵 축구스타 안정환, 걸그룹 에이핑크 맴버인 보미 등이 덴마크의 수도 코펜하겐에서 포차를 운영하면서 다양한 사연으로 찾아오는 덴마크 사람들과 진심 어린 소통을 하며 공감을 자아냈다. 평소에 덴마크의 휘게 라이프에 대해서 관심이 많았던 터에 반갑게 시청했다. 덴마크의 모습을 보면서 와닿은 점은 역시 덴마크는 휘게 라이프를 즐기는 행복한 나라라는 사실이었다.

덴마크는 지난 2016년 국제연합UN에서 발표한〈세계 행복 보고서〉에서 행복지수 1위 국가로 선정되었다. 당시 경제협력개발기구OECD가 조사한 '더 나은 삶의 질 지수'에서도 38개국 중 3위를 차지한 바 있다. 한마디로 온 국민이 휘게 라이프Hygge Life의 삶을 살아간다.
휘게 라이프의 의미는 "편하게, 함께, 따뜻하게"이며, 어원은 노르웨이의 웰빙Wellbing에서 왔다. 이런 방식은 친밀함을 자아내는 예술, 마음의 안락함, 짜증스러운 일이 없는 상태, 마음을 편안하게 해 주는 것들을 즐기는 일 등으로 나타나며 집에 머무는 느낌, 안전한 느낌, 세상으로부터 보호받는 느낌 등을 말한다.

쉽게 말해, 사랑하는 사람들과 함께하는 시간을 소중히 여기며 소박한 삶의 여유를 즐기는 라이프 스타일을 말한다. 덴마크 사람은 가족과 저녁 식사 후 휴식을 취하며 편안함을 느낄 때, 아늑한 공간에서 사랑하는 사람과 시간을 보낼 때, 양초를 켜고 맛있는 음식을 먹으며 대화가 오갈 때 느끼는 행복감 등을 '휘게' 라고 표현한다.

《덴마크 사람들처럼》의 저자 말레네 뤼달은 '휘게' 는 1973년 유럽에서 처음 세계 여러 나라를 대상으로 행복도 조사를 한 이래 덴마크가 늘 선두를 차지한 비결 가운데 하나라고 말한다.

덴마크가 오늘날 이렇게 휘게 라이프로 세계 최고의 행복 국가가 된 데는 선조의 희생 덕분이라고 볼 수 있다. 덴마크 건국의 아버지라 불리는 그룬트비와 달가스 등의 선각자들이 폐허가 된 덴마크를 다시 일으켜 세울 당시에는 세계 어느 나라보다도 척박한 땅이었다. 그러나 그룬트비는 국민을 사랑하는 마음으로 "하나님을 사랑하자, 이웃을 사랑하자, 땅을 사랑하자"라는 구호를 내걸고 척박한 땅을 개척해서 오늘날 세계에서 가장 행복하게 살아가는 휘게 라이프의 나라로 만들었다.

# 7장

# 믿음은 모든 것을
# 가능하게 하는 힘

\*

믿음이 없다면 사람은 아무것도 해낼 수가 없다.
믿음이 있다면 모든 것이 가능하다.

_ 윌리엄 오슬러

01
# 고난은 신이 주는 선물이다

호황은 좋은 것이다.
그러나 불황은 더 좋다.
_마쓰시타 고노스케

위기를 기회로 바꾼 경영의 신, 마쓰시타 고노스케의 일생과 인생의 지혜가 담긴 《마쓰시타 고노스케, 길을 열다》에서는 "호황은 좋은 것이다. 그러나 불황은 더 좋다" 라는 말이 나온다. 그는 꽃을 피우기 위해서는 고난을 견뎌야 한다고 말한다. 추위를 견뎌야 화려한 꽃을 피울 수 있듯이 인생 역시 시련의 시간이 지나면 더욱 밝게 빛날 수 있다.

곤충학자 찰스 코우만은 애벌레에서 나비가 되는 과정을 1년 동안 연구했다. 한번은 애벌레가 고치에서 구멍을 뚫고 그 작은 구멍으로 나오기 위해 몸부림을 치고 있었다. 뚫지 못하고 오랫동안 힘겨워하는 모습을 보고 안쓰러운 마음에 가위로 고치 구멍을 조금 잘라주었다. 쉽게 고치를 빠져나온 나비는 다른 나비들에 비해 몸통이 아주 작고 가냘픈 데다가 찌그러진 날개를 가지고 있었다. 나비는 말라비틀어진 몸통과 찌그러진 날개를 끌며 바닥을 기어다녔다.

코우만은 곧 날개를 펴고 세상을 향해 힘차게 훨훨 날아다니리라고 생각했다. 그러나 나비는 날개를 펴기는커녕 날갯짓 한 번 하지 못하고 바닥을 기어다니다가 힘없이 죽고 말았다. 나비가 되기 위해서는 힘들지만, 나비 자신의 힘으로 고치를 뚫고 나와야 했던 것이다. 코우만은 작은 구멍을 뚫고 나오려는 몸부림이 날개에 힘을 준다는 것을 알지 못했다. 결국, 고난은 스스로 이겨낼 힘을 주고 화려한 날개를 펴게 하는 선물과도 같은 축복임을 알게 되었다. 우리에게 고난이 있다면, 그 고난은 우리를 날게 하는 날개가 될 것이다.

지금부터 10여 년 전 재정 문제로 많은 사람에게 시달리고 벼랑 끝에 선 것처럼 해답도 출구도 없었던 때가 있었다. 왜 내가 이런 고난과 시련을 겪어야 하는 걸까? 고난은 신이 주는 선물이며, 행복을 단단히 감싸고 있는 포장지와 같다는데, 내게 고난은 하루하루가 마지막 날과 같아 숨을 쉴 수도 잠들 수도 없는 고통 그 자체였다. 영원히 끝나지 않을 것만 같은 이 고난을 선물이니 축복이니 하며 견뎌낼 자신이 없었다. 그러던 어느 날 책에서 이 구절을 발견했다.

"고난은 신의 선물이다."

정진홍 칼럼니스트가 쓴 《완벽에의 충동》이라는 책인데, 그 책 2장에 나오는 사람들은 온갖 고난을 다 겪고 결국에는 인생의 승리자가 되는 모습을 담은 내용이었다. 칭기즈칸, 오프라 윈프리, 에이브러햄 링컨, 랜스 암스트롱, 리처드 닉슨 등 모두 인생에서 말할 수 없는 고난을 겪었지만, 그 고난으로 인해 결국 승리한 사람들이었다. 난방이 끊긴 방에서 이불을 뒤집어쓰고 책을 읽다가 정신이 번쩍 들어 정독한 부분이 있다. 칭기즈칸의 고백에 해당하는 내용으로, 칭기즈칸을 위대하게 만든 것은 가혹한 시련이었다는 것이다. 칭기즈칸은 뺨에 화상을 입고 큰 상처를 당하고도 살아났고, 자신의 아내가 적장에게 체포되어 적장의 아이를 낳았는데도 인생을 포기하지 않았다.

"내가 나를 극복했을 때 나는 칭기즈칸이 되었다."

인간이 겪을 수 있는 모든 고난을 다 겪으면서도 절대 포기하지 않고 자신을 극복하고 일어섰던 칭기즈칸은 결국 대몽골제국을 세웠다. 칭기즈칸에게 주어진 가혹한 시련은 그를 위대한 정복자로 만들기 위한 신의 선물이었을 것이다.

고난을 대하는 태도에 따라 삶이 달라진다. 인간은 어떻게 생각하고 어떤 결심을 하느냐에 따라서 삶의 질과 방향이 달라진다. 마음먹기에 따라서 인생이 달라진다는 말이다. 그러한 의미에서 내가 마음을 변화시키고 나를 세워갔던 과정을 정리한 이 책이 독자에게도 결정적으로 달라지는 삶의 계기가 되리라 확신한다.

사람은 고난이라고 하는 용광로에서 변화된다. 사람은 쉽게 변하지 않으며, 사람은 고쳐 쓰는 게 아니라는 말도 있다. 그러나 결정적으로 변할 때가 있으니 바로 고난을 겪는 때다. 이 글을 쓰는 나 역시 지난 몇 년간 고난을 겪으면서 삶이 완전히 달라지고 변했으니 말이다.

대부분의 사람은 인생을 앞만 보고 달려 남보다 빨리 성공하고 싶어한다. 나 역시 그랬다. 그런데 깊이 있는 인생은 고난의 때에 만들어진다. 빨리 간다고 성공이 아니다. 빨리 가는 것보다 바른 방향으로 가는 것이 중요하다. 비록 고난을 겪더라도 깊이가 있는 인생이 진정 행복한 인생이다. 그러한 의미에서 고난은 신의 선물이다.

## 02

# 눈물의 기도가 진주를 만든다

눈물로 기도하는 어머니를 둔 자식은 절대 망하지 않는다.

_암브로시우스

서양에서는 결혼하는 딸에게 어머니가 '얼어붙은 눈물'이라고 불리는 진주를 선물한다. 딸이 결혼 후 흘릴 눈물을 상징하는 선물이다. 왜 하필 진주일까?

진주는 '아비큘리데'라는 굴의 몸에 들어온 모래알이 변해 생성된 보석이다. 몸에 모래알이 들어오면 굴은 둘 중 하나를 선택해야 한다. '나카'라는 특수한 물질을 생성해 살갗에 파고든 모래알을 끊임없이 감싸거나, 아예 모래알을 무시해버려야 한다. 나카가 모래알을 감싸면 엄청난 고통이 따른다. 그러나 고통의 분량만큼 진주는 점점 커진다. 모래알을 무시하면 통증은 없지만, 살이 곪아서 곧 썩어 죽고 만다.

우리 인생도 마찬가지다. 삶의 모래알을 만날 때 기도로 맞서 눈물의 진주를 만드는 사람이 있고, 이리저리 피해다니다가 파멸하는 사람이 있다. 역경을 대하는 태도에 따라 인생이 확연하게 달라진다.

눈물에는 강력한 힘이 있다. 아내의 눈물은 남편을 감동하게 한다. 자녀의 눈물은 부모의 마음을 녹인다. 눈물의 기도는 하늘을 움직인다. 곡읍할 대상이 있다는 것은 참 행복한 일이다. 하소연할 상대가 없는 사람은 울지도 못한다. 매우 놀란 아이들은 부모의 얼굴을 보면 아무 말도 못 한 채 울음만 터뜨린다. 어린이의 통곡은 가장 강렬한 사랑의 표현이다.

고아는 울지 않는다. 고아는 슬프고 괴로워도 눈물을 보이지 않는다. 울어도 관심을 둘 사람이 없다는 것을 알기 때문이다. 마음의 상처가 눈물샘을 막아 버렸다. 고아처럼 빙결된 영혼을 녹이는 것은 사랑뿐이다.

미국 미시간주의 성요셉보육원에 아주 포악한 고아 소년이 있었다. 걸핏하면 친구들과 싸웠다. 학교에서 퇴학까지 당했다. 입양도 실패했다. 고아 소년은 웃음과 눈물을 모두 잃어버렸다.

어느 날, 베레다 수녀가 그를 꼭 껴안으며 속삭였다.

"하나님은 너를 놓지 않으신다. 나 역시 너를 사랑한단다. 힘들 때는 울며 기도하거라."

소년은 이 말에 큰 감동을 받았다. 그는 마음을 고쳐먹고 피자 만드는 일에 몰입했다. 피자 한 판을 11초에 반죽하는 최고 기술자가 되었다. 나중에는 피자 체인점을 만들어 세계적 기업으로 성장시켰다. 이 사람이 바로 도미노 피자를 만든 톰 모너건이다. 이것이 사랑의 힘이다. 눈물의 기도는 진주를 만든다.

아름다운 소리를 내는 악기는 아픔을 견딘 나무로 만든다. 로키산맥의 해발 3,000미터의 높이에는 수목 한계선 지대가 있다. 이 지대의 나무들은 매서운 바람으로 인해 곧게 자라지 못하고 무릎을 꿇고 있는 듯한 모습을 하고 있다. 이 나무들은 열악한 환경에서 생존을 위해 무서운 인내를 발휘하며 견뎌낸다. 세계적으로 가장 공명이 잘되는 명품 바이올린은 바로 이 무릎을 꿇고 있는 나무로 만든다. 아픔을 견딘 나무가 아름다운 소리를 낸다. 고난을 견딘 나무를 통해 고난을 견딜 수 있는 소리를 담은 악기가 만들어진다.

아름다운 영혼으로 아름다운 인생을 살아가는 사람은 무릎 꿇은 나무와 같이 살아가는 사람이다. 아름다운 영혼으로 인생의 절묘한 선율을 내는 사람은 아무런 고난 없이 좋은 조건에서 살아온 사람이 아니다. 오히려 온갖 역경과 아픔을 겪어온 사람이다. 베토벤은 청각 장애의 아픔을 이겨내고 아름다운 명곡을 만들어냈다. 인생에 다가오는 아픔을 잘 익히면 향기가 난다. 아픔을 잘 지내고 나면 진주처럼 보석이 된다. 인생은 아픔을 통해서 명품 인생이 된다. 눈물의 기도가 진주를 만든다.

## 03
# 아픔을 통해 명품 인생으로

안락은 악마를 만들고, 고난은 사람을 만드는 법이다.
_쿠노 피셔

고난과 역경으로 인해서 나락으로 떨어졌다가도 강한 회복 탄력성으로 다시 튀어오르는 사람들은 대부분 원래 있었던 위치보다 더 높은 곳까지 올라간다. 그야말로 실패를 성공의 원동력으로, 오늘의 아픔을 내일의 희망 원천으로 삼는 셈이다. 이러한 사람들에게 고난과 역풍은 오히려 반가운 존재다. 마치 하늘을 나는 연처럼 바람이 불면 더 높이 날아오르기 때문이다. 역경이야말로 사람을 더욱더 강하게 튀어오르게 하는 스프링보드와 같은 역할을 한다.

컴퓨터 업체인 HP의 CEO 칼리 피오리나는 "진정한 성공을 위해서는 위기를 기회로 삼을 줄 알아야 한다" 라고 충고한다. 미국 경제 전문지 〈포춘〉에 의해 1998년부터 6년 연속 세계 최고의 여성 CEO로 선정된 그녀는 "리더의 자질은 바로 도전 의식에서 오는데, 그것은 좌절을 겪어야만 생성되는 것" 이라고 소감을 말했다.

위기Crisis란 '분리하다'를 뜻하는 그리스어의 'Krinein'에서 유래한 말이다. 이는 본래 회복과 죽음의 분기점이 되는 갑작스럽고 결정적인 병세의 변화를 가리키는 의학 용어로 결단 혹은 단호함의 의미로 사용된다. 그러한 점에서 보면 위기는 선택의 기로이자 기회라는 뜻으로 해석할 수 있다.

실패의 또 다른 이름은 기회라는 말이 있듯이 실패와 기회는 동전의 양면처럼 늘 함께 찾아온다. 우리는 실패 앞에서 더 당당해져야 할 필요가 있다. 그것은 인생을 살아가면서 경험하는 것 중의 하나이며, 시련이 클수록 개인의 역량이 깊어지기 때문이다. 삶을 아름답게 하는 것은 성공이 아니라 역경과 고난, 절망의 과정이다. 그러므로 좌절을 더 큰 도약의 기회로 바꾸어가야 한다. 고난을 디딤돌로 더 높이 도약하라.

우리가 잘 알고 있는 위대한 명작들은 대부분 고난 속에서 피어난 아름다운 장미와 같다. 고난이 위대한 명작을 만든다.

여기 한평생 고난의 길을 걸었던 음악가가 있다. 그의 아버지는 술독에 빠져 살았고 아버지의 술주정은 가정을 가난하게 만들었다. 그래서 11세의 어린 나이에 극장 오케스트라에서 일하면서 돈을 벌어야 했다. 그가 17세가 되었을 때 설상가상으로 어머니가 폐결핵으로 죽음을 맞는 비운을 맞이했다. 그래서 그는 어린 동생을 부양해야 했고 서른이 되었을 때는 작곡가의 생명인 귀에 이상이 오면서 청력을 잃게 되었다. 그는 크게 절망하여 이렇게 외쳤다.

"나의 인생은 왜 이렇게 슬픔과 고통스러운 삶의 연속인가? 귀로 음악을 들을 수만 있다면 얼마나 좋을까?"

그러나 굴하지 않고 작곡에 최선을 다했다. 결국, 그 유명한 교향곡 9번을 작곡하여 직접 연주를 마쳤을 때 장내에는 떠나갈 듯한 박수갈 채가 퍼졌다. 그 열광의 도가니는 정말 대단했다. 그런데도 그는 들을 수 없었기에 그것을 전혀 모르고 있었다. 마침내 옆에 있는 사람이 그를 뒤로 돌려서 장내를 향하여 답례할 것을 알려준 후에야 그의 작품 이 대성공이었음을 알았다. 그가 바로 그 유명한 천재 작곡가이면서 인생의 모든 악조건을 딛고 불후의 명곡들을 만든 음악의 아버지라 불리는 베토벤이다.

베토벤뿐만 아니라 모든 위대한 명작은 고난을 딛고 피어났다. 《기독교 강요》는 존 칼빈이 육신의 고통에 시달리는 가운데 저술했 다. 《해리 포터》시리즈는 조앤 롤링이 절망의 밑바닥에서 쓴 이야 기다. 화인 크로스비는 소경이면서 수많은 찬송곡을 작곡했다. 독 일어 성경은 마틴 루터가 원수들의 눈을 피해 발트 부르크성에 숨 어서 번역했다. 존 번연과 다니엘 디포는 음침한 감옥에 있는 동안 각각 《천로역정》과 《로빈슨 크루소》를 썼다.

빛의 화가로 불리는 렘브란트의 일생은 고난의 일생이었다. 그러나 그는 네덜란드의 국민 화가로 불릴 만큼 유명한 화가이면서 깊은 신앙심을 지닌 사람이었다. 그의 작품은 아픔 속에서 빚어진 명작들이었다.

그중에 〈제욱시스로 분한 자화상〉이란 그림이 있는데, 그가 그린 많은 자화상 중에서 자신이 늙었을 때의 삶을 예지하면서 노인의 그림을 그렸다. 그는 한 손에 책을 들고 있는데 성경으로 보이며, 망토깃 밑으로 단검의 손잡이가 보인다. 그는 무엇인가를 묻는 듯, 또는 물으면서 그 대답을 넘겨짚은 듯 달관한 눈초리로 우리를 바라보고 있다. 그 눈초리는 노경에도 날카로움을 잃지 않고 있다.

"내가 예언하는 능력이 있어 모든 비밀과 모든 지식을 알고 또 산을 옮길 만한 모든 믿음이 있을지라도 사랑이 없으면 나는 아무것도 아니다."

바울의 웅변을 스스로 터득한 것처럼 보인다. 제욱시스는 고대 그리스의 천재 화가였는데, 렘브란트는 노년에 그의 모습을 한 채 웃고 있는 자신의 모습을 그리면서 천재성보다 더 큰 은총을 이야기한다. 렘브란트는 이 그림을 그린 후 1년 후인 1669년에 사망했다. 렘브란트 노년의 자화상을 통해서 아픔이 명품이 되는 삶의 모습을 보게 된다.

지금 역경의 자리에 있다면 그곳은 나를 위대하게 만드는 좋은 자리다. 이런 어려운 환경을 내가 억지로 만든 것이 아니라면 그것은 분명히 신이 내게 주신 절호의 기회인 것이다. 이 기회를 놓치지 말고 그 안에서 최선을 다하며 포기하지 않는다면 반드시 좋은 결과가 있을 것이다. 고난이 위대한 명작을 만든다는 것은 진리다. 지난 몇 년간 아픔과 눈물을 통해서 새로운 작품으로 빚어져감에 감사할 따름이다.

## 04
# 회복탄력성을 키워라

> 나를 죽이지 못하는 고통은 나를 더욱 강하게 만들 뿐이다.
>
> _ 니체

일어서지 못하는 사람에게 내일이 있을까? 고난 이후에 희망이 오리라는 믿음, 고통을 겪으면 진주라는 큰 보석이 자라 끝내 결실을 볼 것이라는 믿음을 가져야 한다. 물론, 상처 없이 무난하고 풍요로운 삶을 사는 사람도 있다. 풍요로움이 넘쳐 삶이 무료해지고 권태로워져서 점점 더 자극적이고 충격적인 상황을 일부러 쫓으며 사는 사람들도 있다.

그러나 고난을 극복하고 진주를 만들어가는 사람들의 일생은 다른 사람에게 감동을 주는 위대한 생애를 살며 그 자체로 아름다운 인생 스토리다. 그들은 고난이 있을 때 원래 자리로 돌아오는 힘을 가지고, 어떤 역경이라도 이겨낼 수 있는 긍정의 힘이 있는 사람들이다. 그러한 힘을 회복탄력성이라고 한다. 위키피디아에 따르면 회복탄력성의 정의는 다음과 같다.

"회복탄력성은 영어 'resilience'의 번역어다. 회복탄력성은 크고 작은 다양한 역경과 시련과 실패를 오히려 도약의 발판으로 삼아 더 높이 튀어오르는 마음의 근력을 의미한다. 물체마다 탄성이 다르듯이 사람에 따라 탄성이 다르다. 역경으로 인해 밑바닥까지 떨어졌다가도 강한 회복탄력성으로 되튀어오르는 사람들은 대부분 원래 있었던 위치보다 더 높은 곳까지 올라간다.

지속적인 발전을 이루거나 커다란 성취를 이뤄낸 개인이나 조직은 실패나 역경을 딛고 일어섰다는 공통점이 있다. 어떤 불행한 사건이나 역경에 대해 어떤 의미를 부여하느냐에 따라 불행해지기도 하고 행복해지기도 한다. 세상일을 긍정적 방식으로 받아들이는 습관을 들이면 회복탄력성은 놀랍게 향상된다. 회복탄력성이란 인생의 바닥에서 바닥을 치고 올라올 힘, 밑바닥까지 떨어져도 꿋꿋하게 되튀어오르는 비인지 능력 혹은 마음의 근력을 의미한다."

이러한 회복탄력성은 긍정적인 마인드에서 나온다. 특히, 말에는 보이지 않는 힘이 있어서 말하는 대로 이루어질 가능성이 높다. 항상 부정적인 말을 입에 달고 사는 사람은 스스로 불행한 운을 몰고 온다. 반면에, 최악의 순간에도 긍정적인 마인드로 임하는 사람은 다가올 미래의 행복을 위해 현재의 고통을 감내하는 힘이 있다. 주변의 시선에도 신경 쓰지 않으며 긍정적 사고를 통한 배려로 고난을 극복한다. 항상 탄탄한 강철 스프링처럼 다시 높이 도약할 준비가 되어 있다. 그리고 기회가 생기면 높을 곳을 향해 도약한다.

스티븐 코비의 《성공하는 사람들의 7가지 습관》에서 저자는 모든 변화의 시작은 내면에서 시작해야 하고 무엇보다 성품이 변화되어야 하는데, "주도적인 삶, 끝을 생각하는 면밀한 사고, 일의 비중을 판단하는 독립의지, 대인관계, 승리에 대한 생각, 시너지 효과, 쇄신" 등의 습관을 성공의 중요한 열쇠로 꼽았다. 긍정적인 사고는 결국 위기를 극복하는 회복탄력성을 높여준다.

피할 수 없는 고난을 오히려 발판으로 삼아 다시 꿋꿋하게 튀어올라라. 고난을 겪었을 때 좌절하지 않고 오히려 이를 활용하여 더 좋은 결과를 끌어낼 수 있다. 좋은 일이 생겨야만 행복해지는 것이 아니다. 긍정적인 마음이 있으면 사소한 일에서도 행복을 찾는다. 살다 보면 누구나 크고 작은 역경에 맞닥뜨린다. 이러한 역경에 굴하지 않고 한 걸음 더 나아가 긍정적인 스프링으로 튀어올라야 한다. 어떤 고난이 오더라도 긍정적인 마인드를 갖자.

# 05
# 고난을 넘어 희망으로

100세 세대라고 해서 마냥 오래 산다고 좋지만은 않을 것이다. 청장년 때처럼 활력이 넘치고 지치지 않은 건강한 몸이 있다면 달라지겠지만, 누구나 예외 없이 시간 앞에서는 장사가 없다. 약해지고 쉽게 지치는 육신을 무기력하게 바라보며 100세까지 사는 것을 원하는 사람은 없을 것이다.

또한, 100세 장수 시대로 진입하면서 건강을 챙기고자 하지만, 내 의지와 상관없이 삶의 희망과 의지를 놓는 때는 아마 중병에 걸렸을 때다. 노화와 더불어 병에 대한 걱정과 공포는 그 자체만으로도 제풀에 질려 더 빨리 죽음을 앞당길 수 있다. 건강하게 젊음을 유지하려면 지나친 걱정과 부정적인 사고를 내려놓고 긍정적인 삶의 의지로 매 순간 충실해야 한다.

하루하루 살아가면서 나를 괴롭히는 것은 나를 둘러싼 문제 상황이 아니라, 내 마음속에 일어난 복잡하고 우울한 걱정 때문이다. 왜 내게만 이런 일이 생기느냐고 울부짖었던 베토벤은 다른 사람 같으면 포기하고 말았을 삶을 끝내 극복하고 위대한 생을 살았다.

빛의 천사 헬렌 켈러는 시각장애, 언어장애, 청각장애라는 3중 장애를 겪으면서도 절망하지도, 삶을 포기하지도 않았다. 그녀는 왕성한 의욕과 꿋꿋한 의지로 새로운 삶의 길을 찾아 스스로 피눈물 나는 노력을 계속했다. 그녀는 맹인 최초로 하버드대학교를 졸업했고 한평생 맹인 복지 사업에 헌신했다. 그녀가 주는 희망의 메시지는 많은 이들을 위로해주며 힘을 북돋워준다.

"행복의 한쪽 문이 닫힐 때, 다른 한쪽 문은 열린다. 하지만 우리는 그 닫힌 문만 오래 바라보느라 우리에게 열린 다른 문은 못 보곤 한다."

"이 세상에 기쁜 일만 있다면 용기도 인내도 배울 수 없을 것이며, 낙관주의는 성공으로 인도하는 믿음이라고 말한다. 희망과 자신감이 없으면 아무것도 이루어질 수 없다."

헬렌 켈러가 장애를 극복하고 성공한 삶을 살며 해피엔딩으로 이야기가 끝나면 좋겠지만, 그녀의 고난은 끝나지 않았다. 각국의 대통령을 만나고 수많은 강연을 하고 평생 장애인의 복지에 헌신했지만, 그녀는 평생 가난하게 살았다. 한때는 가정교사를 고용할 정도로 헬렌을 위해 노력한 부모였지만, 딸이 유명해지면서 후원금을 가로채는 이중성을 보였다. 심지어 부모의 사후에도 유산은 전혀 물려받지 못했으며, 헬렌 자신도 돈 관리에 있어서는 무능해서 평생 경제적인 곤경에 시달리면서 가난하게 살아야만 했다. 그런데도 그녀는 많은 사람에게 감동을 주고 평생을 헌신하는 위대한 삶을 살았다.

인간은 불완전한 존재다. 병에 걸려 쇠약해지고, 나이가 들어 노쇠해진다. 병은 삶을 제약하는 나쁜 도구다. 그럼에도 위대한 생을 산 사람들은 인간의 이런 불완전성을 긍정적인 방식으로 활용하여 극복해내고, 고난과 결점이 있음을 오히려 감사해하며 이겨냈다. 만약, 인간에게 불안정성과 불안함이라는 걱정이 없었다면 인류는 앞으로 나아갈 수 없었을 것이다. 장애와 고난을 극복한 사람은 반복되는 고통에서 벗어나고자 새로운 영역을 개척해나간다. 무엇이 그들을 그렇게 강하게 만들었을까? 아마 고통 그 자체였을 수도 있고, 꿈을 이뤄내야겠다는 삶의 강렬한 의지였을 수도 있다.

버나드 쇼의 "우물쭈물하다가 내 이럴 줄 알았다"라는 묘비명에서처럼 망설이기만 하고 제대로 실행하지 못했던 젊은 날의 이도 저도 아닌 미지근한 삶이 후회가 된다면, 앞으로의 시간은 뜨겁게 살아야 하지 않을까? 그렇다고 버나드 쇼가 그렇게 우물쭈물하고 흐리멍텅하게 살았던 것은 아니다. 그는 평생 언어의 연금술사로 시대를 풍미한 노벨상 작가였다. 용케 죽음을 피해가며 오래 살긴 했지만, 언젠가 내게도 죽음이 일어날 줄 알았음을 유머로 삼았다. 마치 죽음을 하찮게 대하듯, 단명하든 장수하든 어쨌든 죽음은 불쑥 찾아온다는 것을 언어 재치로 표현해낸 것이다.

고난을 넘어 희망으로 가려면, 자신의 상황을 인정하고 한계에서 오는 두려움을 극복하고 앞으로 나아가야 한다. 인생에 새로운 시기가 왔음을 받아들이고 두려움과 어려움을 딛고 어제보다는 더 나은 삶을 살도록 노력해야 한다.

억지로라도 잘 될 것이라고 생각하고 또 생각하며 다짐하다 보면 우리의 인체 메커니즘은 희망이라는 단계로 나아가도록 구성되며, 나아가 일상의 체계로 자리를 잡아간다. 과거에 하지 못한 일을 후회하며 과거에 책임을 떠넘기지 말고, 이 세상에 내가 남길 것은 과연 무엇이 있을지 확실히 깨닫고 변화되길 바란다.

# 믿음은 모든 것을 가능하게 하는 힘

1871년 어느 봄날, 한 청년이 한 권의 책을 읽고서 자기의 마음을 끈 한 구절이 그의 앞날에 결정적인 영향을 주었다. 그는 당시 몬트리올 제너럴 병원의 의대생으로서 '졸업 시험에 패스할 수 있을까? 패스하면 무엇을 할까? 어디로 가야 할까? 어떻게 하면 개업할 수 있을까? 어떻게 살아갈까?' 하는 장래 문제 때문에 큰 고민에 빠져 있었다. 이 젊은 의학도가 1971년에 읽은 한 마디의 말은 그로 하여금 당대에 가장 유명한 의사가 되게 했다. 그는 세계적으로 가장 유명한 존스 홉킨스 의과대학을 설립하고 영국 의사로서 최고를 자랑하는 옥스퍼드대학의 명예교수가 되었다. 그는 영국왕으로부터 훈공사로 임명되었고 그가 세상을 떠났을 때에는 1,500페이지에 이르는 두 권의 전기가 발간되었다.

그의 이름은 윌리암 오슬러 경. 1871년에 읽은 그 한마디에 의해 그는 평생 고민에서 해방될 수 있었다. 그것은 신약성경 마태복음 6장 34절의 "그러므로 내일 일을 위하여 염려하지 말라 내일 일은 내일 염려할 것이요 한날 괴로움은 그날에 족하니라" 고 하는 말씀이었다. 사상가 칼라일은 그 내용을 "우리들의 중요한 임무는 멀리 있는 불명확한 것을 보는 것이 아니라 가까이 있는 분명한 것을 실천하는 것" 이라고 설명했다. "멀리 있는 미래에 대해서 지나치게 염려하지 말고 오늘 하루하루에 최선을 다하라" 는 내용이었다.

그 후 42년이 지난 어느 봄날, 오슬러 경은 예일대학 학생들에게 이렇게 강의했다고 한다.

"4개 대학의 교수가 되고 평이 좋은 책을 쓴 나는 머리가 좋은 소유자로 알려져 있으나 사실은 그렇지 않습니다. 내 친구들은 내가 가장 평범한 두뇌의 소유자에 불과하다는 것을 알고 있습니다. 내가 이렇게 큰 업적을 이룰 수 있었던 것은 날마다 오늘처럼 살았기 때문입니다."

오슬러 경은 내일을 위해 가장 좋은 준비를 하는 방법은 믿음을 가지고 오늘 일을 마치기 위해 모든 지성, 모든 정열을 집중하는 것임을 깨닫고 평생 실천했다. "내일 일을 걱정하지 말라"는 그리스도의 말씀이나 "오늘에 살라"는 오슬러의 말에 귀를 기울인다면 우리의 일평생도 가장 행복한 나날이 될 수 있지 않을까 싶다.

윌리암 오슬러 경은 내일에 대한 염려를 다 내려놓고 오늘 하루하루에 최선을 다해 살면서, 거울에 인도의 희곡작가 카리다사의 "여명에의 인사"를 붙여놓고 아침에 수염을 깎을 때마다 들여다보면서 다짐을 했다고 한다.

## 여명에의 인사

이 날을 보아라

이 날이야말로 생명

생명의 생명이다.

이 짧은 행로에

그대의 모든

진실과 현실이 깃들어 있나니

성장의 환희

행동의 영광

성공의 화려함

어제는 꿈에 불과하고

내일은 환상일 뿐

그러나 알차게 보낸 오늘은

어제를 행복한 꿈으로 만들고

내일을 희망에 찬 환상으로 만든다.

그러므로 이날을 잘 보내라.

이것이야말로 여명에의 인사이다.


"믿음은 모든 것을 가능하게 하는 힘"이다. 인생에서 고민을 몰아내고 싶다면 오슬러 경이 일평생 실천한 대로 "과거와 미래를 굳게 닫고 오늘이라는 테두리 안에서 충실하게 살라"고 말하고 싶다.

90세 생일을 맞은 교육학자인 존 듀이는 한 청년에게서 "어떻게 살아야 당신처럼 위대해질까요?"라는 질문을 받았다. 그 질문에 그는 이렇게 답한다.

"산에 오르게. 그리고 산에 올라 다시 올라갈 다른 산을 보게. 그러다 더 산에 오를 흥미가 없어지면 죽을 날이 가까이 온 걸세."

꿈과 목표, 비전이 없으면 살 가치가 없다는 말을 은유적으로 표현한 것이다. 사람은 무엇을 향해 사느냐에 따라 그 삶이 결정된다. 더욱 높은 곳, 더욱 옳은 것, 더욱 바른 것을 쫓고 꿈을 이루며 살아야 한다. 땅만 보고 살다 땅 위에서 죽을 것인가, 높은 하늘과 정상을 쳐다보며 살다 정상을 소유하는 리더가 될 것인지는 그 사람이 어떤 마음을 먹느냐에 따라 결정되는 것이다.

**눈앞에 새로이 펼쳐질 당신의 인생 2막을 위하여!**

책을 시작하면서 저자인 나 자신이 행복하게 살고자 하는 소망을 담아서 쓰기 시작했지만, 원고를 완성해가면서 그 소망은 점점 더 커져갔다. '이 글을 읽는 이 땅의 모든 중년들이 희망을 품고 다시 일어났으면' 하고 소원하게 되었다. 모두 살기 힘들다고 말한다. 나 역시 살기 힘들다는 말을 버릇처럼 입에 달고 살았던 적이 있다.

내가 좋아하는 일, 그 일을 통해서 만들어지는 경제적 자유, 그리고 사랑하는 사람과 함께 가는 인생 후반전의 행복, 그리고 삶의 여정을 함께 할 좋은 친구들, 인생 후반전의 여백을 아름다운 무지개 색깔로 채색해줄 취미들, 그리고 이 땅의 구석구석과 세계 어느 곳이나 지구촌으로 여행하면서 살아갈 수 있는 행복, 그리고 영원을 향해 가는 믿음의 여정을 만나 멋진 인생의 후반전이 눈앞에 그려졌길 바란다.

**고마운 마음을 담아**

책을 쓰는 것만으로도 감사한데, 책 원고를 저자의 정성보다도 더 성의껏 다듬어서 출간을 해주시는 모아북스 관계자 여러분께 진심으로 감사의 말씀을 드린다. 이 책이 많은 사람들에게 읽혀서 선한 영향력을 끼칠 수 있기를 바라며 축복된 만남을 기다린다.

2019년 5월
당신이 따뜻해서 봄이 왔습니다
박성배

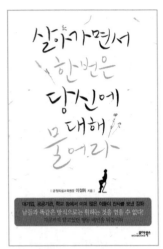

## 살아가면서 한 번은 당신에 대해 물어라
이철휘 지음
256쪽 | 14,000원

## 감사, 감사의 습관이 기적을 만든다
정상교 지음
242쪽 | 13,000원

## 다섯 친구
다이애나 홍 지음
264쪽 | 13,000원

## 어떻게 삶을 주도할 것인가
이훈 지음
276쪽 | 15,000원

## 인생반전
이내화 · 김종수 지음 |
240쪽 | 14,000원

## 핫팁
노경한 지음
298쪽 | 14,000원

## 헤매고 넘어지고 뒤집기
기우정 지음
228쪽 | 13,500원

## 살아남는 자의 힘
이창우 지음
216쪽 | 13,000원

## 성장을 주도하는
## 10가지 리더십
안희만 지음
272쪽 | 15,000원

## 4차 산업혁명의 패러다임
장성철 지음
246쪽 | 15,000원

## 백년기업 성장의 비결
문승렬 · 장제훈 지음
268쪽 | 15,000원

## 드림빌더
김종규 지음
272쪽 | 13,000원

**책 속의 향기가 운명을 바꾼다**
다이애나 홍 지음
257쪽 | 12,000원

**독서로 말하다**
노충덕 지음
240쪽 | 14,000원

**앎**
김선호 지음
208쪽 | 12,500원

**달콤한 제안**
김광태 지음
300쪽 | 15,000원

# 당신이 생각한 마음까지도 담아 내겠습니다!!

책은 특별한 사람만이 쓰고 만들어 내는 것이 아닙니다.
원하는 책은 기획에서 원고 작성, 편집은 물론,
표지 디자인까지 전문가의 손길을 거쳐
완벽하게 만들어 드립니다.
마음 가득 책 한 권 만드는 일이 꿈이었다면
그 꿈에 과감히 도전하십시오!

업무에 필요한 성공적인 비즈니스 뿐만 아니라 성공적인 사업을 하기 위한
자기계발, 동기부여, 자서전적인 책까지도 함께 기획하여 만들어 드립니다.
함께 길을 만들어 성공적인 삶을 한 걸음 앞당기십시오!

## 도서출판 모아북스에서는 책 만드는 일에 대한 고민을 해결해 드립니다!

### 모아북스에서 책을 만들면 아주 좋은 점이란?

1. 전국 서점과 인터넷 서점을 동시에 직거래하기 때문에 책이 출간되자마자 온라인, 오프라인 상에 책이 동시에 배포되며 수십 년 노하우를 지닌 전문적인 영업마케팅 담당자에 의해 판매부수가 늘고 책이 판매되는 만큼의 저자에게 인세를 지급해 드립니다.

2. 책을 만드는 전문 출판사로 한 권의 책을 만들어도 부끄럽지 않게 최선을 다하며 전국 서점에 베스트셀러, 스테디셀러로 꾸준히 자리하는 책이 많은 출판사로 널리 알려져 있으며, 분야별 전문적인 시스템을 갖추고 있기 때문에 원하는 시간에 원하는 책을 한 치의 오차 없이 만들어 드립니다.

기업홍보용 도서, 개인회고록, 자서전, 정치에세이, 경제 · 경영 · 인문 · 건강도서

**모아북스**
MOABOOKS

문의 0505-627-9784

앞으로 어떻게 살 건가요?

# 꿋꿋이 나답게 살고 싶다

**초판 1쇄** 인쇄  2019년 05월 10일
   **1쇄** 발행  2019년 05월 18일

**지은이**   박성배
**발행인**   이용길
**발행처**   **모아북스**
        MOABOOKS

**관리**    양성인
**디자인**   이룸

**출판등록번호**  제 10-1857호
**등록일자**   1999. 11. 15
**등록된 곳**   경기도 고양시 일산동구 호수로(백석동) 358-25 동문타워 2차 519호
**대표 전화**   0505-627-9784
**팩스**     031-902-5236
**홈페이지**   www.moabooks.com
**이메일**    moabooks@hanmail.net
**ISBN**    979-11-5849-102-4  13320

이 도서의 국립중앙도서관 출판예정도서목록(CIP)은 서지정보유통지원시스템 홈페이지(http://seoji.nl.go.kr)와 국가자료공동목록시스템(http://www.nl.go.kr/kolisnet)에서이용하실 수 있습니다. (CIP제어번호 : CIP2019015846)

**모아북스** 는 독자 여러분의 다양한 원고를 기다리고 있습니다.
       (보내실 곳 : moabooks@hanmail.net)